KB070212

돈의 흐름으로 읽는
세계사

※일러두기
• 원서에 있던 저자의 주는 '원주'로 표시했고 그 외의 주석은 모두 옮긴이의 글이다.
• 인명을 포함한 외국어표기는 국립국어원의 외국어표기법과 용례에 따라 표기했으며
  최초 1회 병기를 원칙으로 했다.
• 전집, 총서, 단행본, 잡지 등은 《 》로, 논문, 작품, 곡명, 편명 등은 〈 〉로 표기했다.

오무라 오지로 지음 | 신정원 옮김

돈의 흐름으로 읽는
세계사

돈은 어떻게 세계를 바꾸는가

위즈덤하우스

돈의 흐름을 알면
역사가 읽히고 세상이 보인다

"근현대란 어떤 시대인가"라는 물음에 자신 있게 답할 수 있는 사람은 없을 것이다. 잘 모르겠다고 답할 사람이 수두룩한 시대라고 생각한다. 학생 시절 들었던 역사 수업에서는 근현대사 부분에 할애하는 시간이 워낙 짧은 데다가 복잡한 사건들이 뒤엉켜 있어 제대로 공부하지 못한 탓이다. 그러나 근현대사는 현재와 가장 가까운 역사로 지금의 세계까지 직접적으로 영향을 주기 때문에 현재 우리의 모습을 이해하기 위해서는 반드시 알아야 할 역사다.

다음 질문을 보자.

• 매년 무역 적자가 증가하는 위기에 빠진 미국은 향후 경제 정책을 어떤 방향으로 이끌어가려고 할 것인가?

- 왜 EU는 그리스 파산, 영국의 탈퇴 등 잇달아 위기를 겪는가?
- IS는 어떻게 그렇게 빨리 세력을 넓혔을까?
- 조세피난처로 모이는 기업과 부자들의 탈세는 어떻게 막을 수 있을까?
- 급격히 성장한 중국은 미국을 대신해 세계경제의 패권을 차지하게 될 것인가?

미국의 경제 정책은 내가 일하고 있는 회사의 미래나 일상적으로 사용하는 수입품의 물가와 관련이 있다. 아랍의 불안정한 정세와 IS 테러는 석유 가격에 영향을 미친다. 이 질문들은 뉴스나 신문에서 접하는 먼 나라의 이야기가 아니라 매일의 생활과 직접적으로 맞닿아 있는 문제들이다. 그러나 사회 과목 교사라 하더라도 이 같은 물음에 답을 하기란 그리 간단하지만은 않을 것이다. 현재 세계를 구성하고 있는 이슈 너머의 역사적인 배경과 세계가 움직이는 원리를 이해하고 있어야 하기 때문이다. 그래서 많은 사람들이 세계정세에 관한 뉴스를 수없이 접하면서도 정확한 상황과 맥락을 파악하지 못하고 머릿속에 물음표만 가득 남기는 데서 그친다.

하지만 근현대사를 살펴보면, 그중에서도 '돈'을 축으로 삼아 역사를 더듬어가면 그 해답이 싱거우리 만치 쉽게 나온다. 역사를 이야기할 때 가장 쉽고 흔한 방법은 '사건'을 중심으로 정치나 전쟁 맥락에서 이야기하는 것이다. 그러나 역사를 실제로 움직이게 하는 것은 돈과 경제다. 사건과 정치의 이면에는 돈 문제가 어떤 식으로든 반드시 얽혀 있다. 경제적으로 든든한 뒷배가 있거나 세금을 풍족하게 거둬들어야만 정치권력을 오래 지킬 수 있고 주변국과의 관계에서도 우위를 차지한다. 세계 각지에서 되풀이되는 분쟁이나 전쟁의 대부분도 그 배경을 살펴보면 누가 더 많은 이권을 가져가는가의 문제에서 시작된다. 그게 아니라면 굳이 사람을 희생시키고 엄청난 비용을 들어가면서 다른 나라와 싸울 이유가 없다. 게다가 현대사회에 들어서면서 자본주의의 논리가 점차 막강해졌다. 지금은 돈이 곧 권력이며, 세계를 움직이는 가장 강력한 원리다.

예를 들어 전 세계를 테러의 공포에 빠트린 과격파 세력 'IS'를 보자. 역사적 배경을 모르고 IS 테러만 뉴스로 접하는 사람들은 도대체 이들이 누구이며, 어떻게 이렇게 강력한 자금을 바탕으로 전 세계를 들쑤시고 있는지 궁금해질 수밖에 없다. IS를 이해하기 위해서는 바로 미국과 아랍 국가들의 달러를 둘러싼 전쟁을 이해해야 한다.

달러가 기축통화가 될 수 있었던 가장 큰 요인 중에 하나가 아랍 국가들이 석유를 거래할 때 반드시 달러를 사용한다는 것이다. 거액의 자금이 오가는 거래에 오직 달러만 사용하고 있으니 자연히 다른 통화는 달러를 대신하기가 어렵다. 미국은 이러한 달러의 기축통화 지위를 이용해 세계경제의 패권을 쥐고 있었다.

그런데 이라크의 후세인이 석유 결제 수단을 달러에서 유로로 변경했고, 이것이 미국의 심기를 건드려 결국 후세인 정권을 붕괴하도록 만들었다. 이후 후세인 대통령 시절 이라크에서 중추 역할을 하던 사람들이 모여 IS라는 조직을 만들었다. 그래서 IS는 테러 집단치고는 너무나도 능수능란하게 국가 체제를 이루었으며, 이라크의 유전 몇 곳을 장악하고 무기 공장, 상점, 학교와 같은 인프라까지 갖춘 것이다. 결론만 놓고 보면 미국에 의해 붕괴된 국가의 잔당이 IS를 세워 다시 미국과 전 세계를 공격하고 있는 셈이다. 이런 사실을 알고 나면 IS와 미국과의 관계를 자연스럽게 이해할 수 있을 뿐 아니라 미국이 IS를 고립에 빠트리기 위해 어떤 작전을 세우게 될지도 추측할 수 있다.

이렇게 돈의 흐름을 따라가면 복잡하고 이해하기 힘든 근현대사가 의외로 쉽고 명쾌하게 정리된다. 또한 세상이 어떻게 돌아가고 있는지 오늘을 이해하고 시대의 흐름을 읽는 데 큰 도움이 될 것이다. 독자 여러분이 세계정세에 대해 가졌던 의문들 중 얼마간이 이 책을 통해 반드시 풀리기를 기원한다.

오무라 오지로

차례

12. EU 출범! 유로에 숨겨진 야망

13. 빚더미 국가 미국 vs 떠오르는 경제 대국 중국

14. 전 세계가 맞닥뜨린 경제 위기

01

근대 경제의
문을 연 영국

🪙 영국 경제의 기반이 된 해적

근현대 세계의 권력을 독해하려면 역시 영국을 가장 먼저 다루어야 할 것이다. 우선 '영국은 남들보다 빨리 산업혁명을 일으켜 세계의 패권을 거머쥐었다'라고 생각하기 쉬우나, 사실은 그렇지 않다. 영국은 산업혁명이 일어나기 이전에, 스페인의 무적함대를 격파하고 스페인과 포르투갈이 세계 도처에 거느리고 있었던 식민지 대부분을 가로챘다. 그렇게 해서 축적된 자본이 있었기에 산업혁명이 가능했다.

그렇다면 영국은 어떻게 스페인을 능가하는 수준의 강국이 되었나?

간단히 말하자면 '거국적인 해적 행위'에 그 비결이 있다. 영국은 대항해시대에 뒤처진 후발주자였고 그 시대의 주역은 스페인, 포르투갈, 네덜란드였다. 영국이 해양에 발을 디뎠을 때는 이미 아프리카 대륙과 아메리카 대륙의 중요 지역이 모두 스페인, 포르투갈에 점령당해 있었다.

그러한 상황에서 영국 해적이 두각을 나타냈다. 우수한 조직력을 갖춘 선단과 뛰어난 항해술을 무기로 삼은 영국 해적은 스페인과 포르투갈의 수송선을 잇달아 습격하여 재화와 보물, 귀중한 산품들을 강탈했다. 이 해적 선단을 눈여겨본 영국 왕실은 왕실이 건조한 배를 해적들에게 선사하며 국가사업으로 해적 항해를 시작했다. 그중에서도 으뜸이었던 것이 해적 드레이크Francis Drake의 항해다.

해적 드레이크는 마젤란Ferdinand Magellan에 이어 세계 일주에 성공했으며 스페인의 무적함대를 격파한 것으로 잘 알려진 영국의 해군 제독이다. 원래는 평범한 해적이었으나, 엘리자베스 여왕Elizabath I의 눈에 들게 되면서 국가 프로젝트 성격을 띤 해적 행위에 나섰다. 그 공적을 인정받아 훗날 영국 해군에 복무하게 됐고 해군 제독 자리에까지 올랐다.

드레이크는 해적 행위를 훌륭히 성공해 배에 금과 은, 향료 등을 잔뜩 싣고 귀항했다. 이 한 번의 항해를 통해 드레이크는 영국에 약 60만 파운드를 안겨주었고, 엘리자베스 여왕은 그 절반인 30만 파운드를 얻었다.[1] 당시 영국의 국가 예산이 20만 파운드 정도였으니, 그야말로 한 해 국가 예산의 1.5배에 달하는 수입을 얻은 것이다. 엘리자베스 여왕은 이렇게 얻은 수익으로 모든 채무를 변제했으며 남은 돈으로는 지중해 무역에 투자했다.

영국의 흉포한 해적 선단은 이윽고 강력한 해군으로 발전했다. 재정이 악화되어 정비 부족에 시달리던 스페인의 무적함대를 격파하기에 이르렀다. 그리고 영국은 스페인과 포르투갈, 네덜란드가 짭짤한 수익을 거두어왔던 무역과 식민지 경영을 강제로 이어받았다. 7대양[2]을 지배한 대영제국은, 이렇게 해서 탄생했다.

영국은 산업혁명도 다른 국가들보다 먼저 시작했다. 동력화한 공장으로 면, 석탄 등을 대량으로 생산하는 것이 가능해졌으며, 영국은 '세계의 공장'이라고도 불리게 되었다.

해적 행위는 당시 유럽 국가들이 정도의 차이는 있을지언정 어느 국가나 행하던 것이었으니, 콕 집어 영국만 악한 존재라고 말하기는 어렵다. 그러나 국가 차원에서 이렇게까지 대규모로 해적 행위를 벌였던 곳은 영국뿐이었다.

또한 영국은 조직이나 제도의 규모를 늘리고 합리화하는 데 대

---

1) 武田いさみ, 《世界史をつくった海賊》, ちくま新書, 2011. —원주
2) '전 세계의 바다'를 가리키는 표현으로, 영국의 소설가이자 시인이었으며 《정글북 The Jungle Book》으로도 유명한 러디어드 키플링 Rudyard Kipling의 《7대양 The Seven Seas》을 통해 널리 알려진 말이다.

단히 탁월했던 국가였다. 영국이 전 세계의 바다를 제압하게 된 최대의 요인은 바로 여기에 있을 것이다.

🪙 근대적인 조세와 은행을 한 발 앞서 정비하다

영국은 원시적이고 야만적인 해적 행위로 돈을 벌어들이는 한편, 국가의 경제 시스템에 관해서는 다른 국가들보다 더 빨리 근대적이고 합리적인 제도를 갖췄다. 그 대표적인 사례가 '조세'와 '은행' 제도다.

영국은 중세에서도 상당히 이른 시기에 '국왕이 임의로 조세를 결정해서는 안 된다'라는 제도를 만들었다. 바로 그 유명한 '마그나카르타'다. 마그나카르타는 국왕이 임의로 조세를 결정해서는 안 되며, 국민은 법에 따르지 않고서 처벌받거나 재산을 침해당해서는 안 된다는 영국 국왕 존John의 약속을 문서로 남긴 것이다.

존 국왕은 이따금씩 프랑스와 전쟁을 벌였으나 패배하기 일쑤였던 까닭에 막대한 세금을 낭비했다. 영국의 시민들과 귀족들이 국왕 폐위를 요구하자 존 국왕은 그들의 불만을 잠재우기 위해 두 번 다시 임의로 조세 징수를 하지 않겠다고 약속했다.

이렇게 해서 1215년 마그나카르타가 제정되었다. 당시는 대항해시대도 아직 시작되지 않았던 중세였으며, 국왕의 권력이 꽤 강했던 시기다. 이와 같은 시대에 '국왕이 멋대로 하게 내버려두지는 않겠다'라는 제도가 생겨났다는 것은 상당히 선진적인 사건이라 할 수 있겠다.

그도 그럴 것이, 중세에서 근대에 걸친 유럽 국가들은 국왕의 임의 과세와 낭비 때문에 국력이 피폐해지는 경우가 대단히 많았다. 이를테면 스페인은 대항해시대에 아메리카 대륙에서 포토시 은광산 등을 발견하여 막대한 금은을 손에 넣었으나 스페인 국왕이 호전적으로 이 국가 저 국가와 전쟁을 벌였던 탓에 재정은 언제나 쪼들렸다. 영국에 패배한 것도 재정 악화로 인해 해군력이 약해졌기 때문이다.

또한 영국은 근대적인 은행을 일찌감치 설립하여 국가 재정 및 금융을 안정시켰다. 1693년에는 국채에 관한 법률이 제정되었다. 엄밀한 의미에서의 '국채'로는 세계 최초라 간주된다. 그때까지 국왕이 빚을 지는 일은 자주 있었어도 국채라는 정식 금융채를 발행한 것은 전 세계에서 처음 있는 일이었다.

나아가 영국은 1694년에 중앙은행인 잉글랜드은행을 설립한다. 잉글랜드은행은 영국 정부의 국채를 끌어안는 대신 같은 액수의 은행권(지폐)을 발행할 권리를 가졌다. 요약하자면 잉글랜드은행은 영국 정부에 돈을 빌려주기 위해 세워진 은행인 것이다. 그때까지 영국 정부는 민간 자본가에게서 돈을 빌렸으나, 안정적인 차입이 불가능한 데다 높은 이자도 내야 했다. 그러나 잉글랜드은행이 설립되고 차입 창구를 단일화함으로써 정부는 낮은 이자로 거액의 자금을 안정적으로 조달할 수 있게 되었다. 게다가 잉글랜드은행의 자본금 120만 파운드는 민간에서 공모되었다. 즉 민간 자금을 그러모아서 창구를 단일화한 다음 국채를 구입하게 한 것이었다.

당시 유럽 국가들의 정부는 어디가 됐든 거액의 빚을 지고 있었다. 전쟁에 몰두하느라 막대한 전비가 필요했기 때문이다. 그러나 자금을 제대로 조달하지 못하거나 변제가 불가능해지는 등 채무 불이행 상태인 경우도 적잖게 있었다. 유럽 국가들 입장에서 전비 조달은 골머리를 썩게 하는 원인이었다.

그러한 상황에서 영국은 다른 국가들보다 먼저 안정적으로 전비를 조달할 길을 개척했다. 라이벌인 프랑스가 5~6퍼센트나 되는 이자를 물어가며 빚을 지고 있었을 때 영국은 잉글랜드은행 덕분에 3퍼센트 정도의 이자로 자금을 조달할 수 있었다. 이는 물론 영국의 군사력 강화로 이어졌다. 이 무렵부터 영국은 전쟁에 강한 국가로 변모해갔다.

머지않아 잉글랜드은행은 은행권을 독점적으로 발행할 수 있는 권리를 갖기에 이르렀다. 그전까지는 여러 은행에서 발행된 은행권이 통화로 쓰이고 있었으므로 종종 혼란이 야기되었다. 잉글랜드은행의 은행권이 영국의 통화로 자리 잡게 되면서 잉글랜드은행은 정부뿐 아니라 국가 경제 전반의 금융을 짊어지게 된다. 요즘 시대의 중앙은행이 담당하는 역할을 수행하게 된 것이다. 그리고 오늘날 전 세계 수많은 국가들의 중앙은행은 이 잉글랜드은행을 모델로 하고 있다.

영국은 재정과 금융을 안정시킴으로써 강국들로 득시글거리는 유럽 안에서 한 발짝 앞선 존재가 되었다. 앞서 서술했듯이 영국은 대항해시대의 강국인 스페인과 포르투갈, 네덜란드의 식민지를 계속해서 빼앗아나갔으며, 18세기에는 자본력을 활용하여 세계에서 처음으로 산업혁명을 이룩했다.

광대한 식민지에서 원료를 가져오고, 근대화한 공장에서 공업 제품을 대량생산하고, 그것을 전 세계에 팔아치우는 것. 이 비즈니스 모델을 통해 영국은 번영을 구가했으며 19세기에는 세계 초강대국 지위에까지 올랐다.

🥁 막강한 군사력이 곧 경제력이다

이 당시 영국의 경제 패권은 군사력이 뒷받침되었기에 성립될 수 있었다. 영국이 전 세계에 식민지를 둘 수 있게 한 일등 공신은 다름 아닌 군사력이었고 영국은 상거래 시 자국이 불리해지면 종종 군사력을 이용하기도 했다.

이를테면 1840년의 아편전쟁이 그러하다. 아편전쟁이란 영국이 중국에서 차를 대량으로 수입하면서 은 유출을 멈출 수 없게 되자, 그 대책으로 중국에 아편을 비밀리에 판매한 데서 비롯되었다. 이를 눈치 챈 중국 정부(청 정부)가 적재되어 있던 아편을 몰수하면서 전쟁으로 발전했다. 영국은 군사력을 앞세워 중국을 강제로 굴복시켰고 아편 밀매를 묵인하게 했을 뿐 아니라 홍콩을 할양받고 상해에서 권익을 챙기는 등의 결과물을 얻었다.

특히 해군은 영국이 지닌 힘의 원천이라고 일컬어질 정도였다. 해전에서 승리하여 제해권制海權을 장악한다는 것은 곧 해당 지역의 교통과 유통을 손에 넣게 된다는 것이며, 이는 필연적으로 해당 지역에서의 권익 차지로 이어진다. 그리하여 영국은 식민지와 세력권을 확대해나간 것이다.

영국은 압도적으로 강력한 해군을 보유함으로써 대영제국의 번영을 구축했다고도 할 수 있다. 미사일이나 전투기같이 다채로운 무기가 없던 시절이었으므로, 당시 해군은 보유 함선의 크기와 수로 그 힘이 판가름 나곤 했다. 19세기에서 20세기 초의 영국 해군은 보유 함선을 놓고 봤을 때 다른 국가들을 압도하는 수준의 크기와 수를 자랑했다.

당시 영국 해군은 2국표준주의를 채택하고 있었다. 2국표준주의란, 영국이 전 세계에서 으뜸가는 해군력을 보유하고 있음은 당연하고 여기에 더해 세계 제2위와 세계 제3위 국가의 해군력을 합한 것을 능가하는 수준의 해군력을 보유하는 것을 가리킨다. 즉 2위와 3위인 국가가 힘을 합쳐 대항해온다 해도 무력으로 굴복시킬 수 있을 만큼의 해군력을 지니고 있었던 것이다. 영국 해군이 얼마나 강했는가를 짐작해볼 수 있는 대목이다.

🪙 파운드, 기축통화가 되다: 세계 최초의 금융 제국 탄생

사실 영국이 '세계의 공장'이었던 기간은 의외로 짧다. 영국은 공업 생산 면에서 19세기 후반에는 미국에 뒤처졌으며 20세기 초에는 독일에 밀렸다. 그러나 공업 생산 강국에서 밀려난 후에도 영국은 계속해서 세계경제의 패자로 군림했다. 왜냐하면 세계 금융의 중심은 여전히 영국이었기 때문이다.

영국은 당시 금융 시스템이 가장 발달한 국가였다. 1816년 영국은 금본위제를 채택했고, 1821년에는 전 세계를 상대로 파운드와 금의 자유로운 태환允換 즉, 교환을 보증했다. 금본위제란 간단히 말하자면 금 자체 또는 금을 화폐로 교환해주도록 만든 금 태환권을 통화로 유통하는 것이다. 이렇게 하면 국가의 금 보유량이 고스란히 통화량에 반영된다.

금이나 은과 같은 귀금속을 국가 통화의 기준으로 삼는 일은 고대부터 행해져온 것으로, 당시 가장 일반적인 통화제도였다. 그러나 금·은·동을 기준으로 하는 제도가 각지에 혼재되어 있었고, 교환 시세는 유동적이었기 때문에 불안정한 면이 많았다. 영국 또한 그때까지는 금은복본위제金銀複本位制였으나, 은을 제외하고 금만 기준으로 삼아 통화 안정을 도모하고자 한 것이다.

저명한 경제학자 케인스John Maynard Keynes의 분석에 따르면 1822년부터 제1차 세계대전 발발 직전인 1913년까지인 약 90년 동안, 영국의 물가지수는 거의 변동이 없었다고 한다. 즉 영국은 금본위제를 채택한 이후 대단히 안정된 금융을 구축할 수 있었다. 당시 세계경제의 패자인 영국이 금본위제를 채택했기 때문에 전 세계 각국이 영국을 따라 금본위제를 선택했으며 국제경제에서 표준 시스템으로 자리 잡아갔다.

또한 이 무렵부터 영국 파운드가 국제무역에서의 기축통화로 등극했다. 기축통화란 국제무역에 쓰이는 공통된 통화를 말한다. 영국이 관계하지 않은 거래에서도 영국의 파운드를 쓰는 일이 잦아졌다. 이를테면 일본과 남미의 어느 국가가 무역을 할 때, 엔화나 남미의 통화를 사용하는 것이 아니라 파운드를 써서 거래를 하는 것이다. 일본 입장에서 남미의 통화는 익숙하지 않은 물건이며, 남미 국가 입장에서 일본의 엔화 역시 마찬가지라고 해보자. 일본의 수출업자가 남미의 통화를 수취한다 한들 사용하기가 용이하지 않으므로 엔화나 다른 통화로 다시 교환해야 한다. 남미 국가의 업자 또한 사정은 비슷하다. 그러니 세계적으로 범용성이 높은 파운드를 사용하는 것이 결과적으로 서로가 편리하다.

어째서 파운드가 기축통화 자리를 차지했는가 하면, 당시 영국은 세계 1위의 경제 대국이었으며 전 세계 금의 상당량을 소유하고 있었던 덕분에 통화로서의 가치를 인정받고 신뢰를 얻을 수 있었다. 또한 애초부터 영국이 당시 세계 최대의 무역 국가였기 때문에 전 세계 무역에서 파운드가 쓰이고 있었던 것도 있다. 19세기부터 20세기 초에 걸쳐 영국은 세계무역의 20퍼센트 안팎을 단독으로 점유하고 있었다. 따라서 영국 파운드를 국제적으로 사용하기 용이한 상황이 조성되어 있었던 셈이다.

당시 국제무역의 주요 상품은 면제품이었는데, 영국은 전 세계 면제품 거래를 도맡고 있었다. 면제품의 원료가 되는 목화는 이집트, 인도, 미국에서 런던으로 집결되었으며, 전 세계의 구매자들 또한 런던으로 모여들었다. 게다가 영국은 목화를 제품화한 면제품으로도 세계 최대의 시장점유율을 지닌 국가였다. 이렇게 해서 시티오브런던City of London[3]은 전 세계 면 원료 및 면제품의 막대한 거래를 진두지휘하는 지역이 되었다.

영국은 전 세계에서 거두어들인 돈을 투자하는 데 썼다. 다른 국

---

3) 영국 런던 도심에 위치한 뱅크Bank역을 중심으로 하는 런던시Greater London의 가장 작은 행정구역이다. 미국 월스트리트와 더불어 세계 금융의 심장이자 중심으로 꼽히며, 잉글랜드은행을 비롯해 모건스탠리Morgan Stanley, 골드만삭스The Goldman Sachs Group, HSBC 등 금융기관이 밀집해 있는 곳이다.

가의 국채 등을 인수하고 판매하는 금융시장 또한 발달되어 있었기 때문이다.

특히 미국은 영국으로부터 거액의 투자를 받았다. 이를테면 미국이 프랑스로부터 루이지애나주를 사들였을 때는 영국의 베어링은행이 미국의 국채를 인수했다. 베어링은행은 미국이 뉴멕시코를 구입했을 때도 국채를 인수했다. 또한 미국은 철도와 더불어 발전한 국가인데, 그 철도의 대부분은 영국의 투자를 통해 건설된 것이다. 미국의 급속한 성장은 영국의 투자 없이는 불가능했다. 영국은 미국이라는 국가의 '주주'라 해도 지나치지 않을 존재였다.

영국은 미국뿐 아니라 유럽, 아시아, 아프리카 등 전 세계에 투자했다. 러일전쟁 당시 일본이 전비를 조달할 때도 주로 런던의 금융시장을 이용했다. 이렇게 하여 영국은 외환, 투자, 보험 등을 포함하는 세계의 금융을 단독으로 도맡게 되었다. 이 금융 업무의 대부분은 시티오브런던에서 이루어졌다. 그로 인해 시티오브런던은 세계 금융의 중심으로 현재까지 이름을 떨치게 된다.

≣ 제1차 세계대전이 불러온 경제 위기

절대적인 경제 패권을 틀어쥐고 있었으나, 제1차 세계대전으로 인해 영국의 지위는 크게 요동치게 되었다.

영국 본토가 전쟁터가 되는 일은 없었지만, 독일의 잠수함 때문에 해상이 봉쇄당하여 경제에 커다란 타격을 입었다. 영국은 섬나라인 까닭에 해상무역을 통해 패권을 장악하고 있었던 국가다. 뒤집어 말하자면 수출입이 불가능해지면 대영제국은 성립할 수 없는 것이다. 제 아무리 전 세계에 식민지를 보유하고 있는 영국이라 해도 해상을 봉쇄당하면 공업 제품을 수출할 수도 없을뿐더러 풍부한 물자도 들여올 수 없다.

당시 영국은 섬유제품이 가장 중요한 수출품이었다. 20세기 초세계 무역에서 섬유제품이 차지하는 비율은 20퍼센트나 되었는데, 영국의 시장점유율은 그 절반에 가까웠다. 영국의 공업이 사양길에 접어들고 나서도 면제품을 식민지인 인도에 팔아 영국 경제를 지탱했다. 그러나 전쟁 때문에 수출이 거의 불가능해지고 말았다.

덧붙이자면 그렇게 하여 생겨난 시장점유율의 공백은 일본이 차지했다. 일본은 제1차 세계대전 중에 수출량을 세 배로 급격히 증가시켰는데, 주된 수출품이 섬유제품이었다.

또한 영국은 원료나 식량의 상당량을 수입에 의존했는데 이 또한 해상 봉쇄 때문에 좀처럼 국내로 들여오지 못했다. 제1차 세계대전 때문에 자칫하다가는 굶어죽을 지경에 이르렀던 것이다. 전쟁 말기에 미국이 참전하고 러시아에서 혁명이 일어나 간신히 승리를 거둘 수 있었지만 전쟁이 조금만 더 길어졌다가는 어떻게 되었을지 알 수 없다.

전쟁이 발발하기 전만 해도 영국은 미국의 압도적인 채권국이
었으나, 전쟁이 끝난 후에는 미국이 영국의 압도적인 채권국으로
탈바꿈했다. 게다가 제1차 세계대전 후 미국은 영국을 상대로 채
권을 단 한 푼도 깎아주지 않았다.

이렇게 해서 이제 영국의 경제 패권은 영국의 지배에 복종하는
위치에 있었던 미국에 위협당하는 상황에 놓였다.

영국은 어떻게 금융 대국이 되었을까?

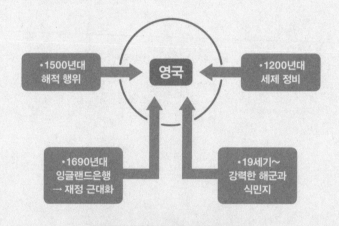

- 1500년대
해적 행위 → 영국 ← • 1200년대
세제 정비

- 1690년대
잉글랜드은행
→ 재정 근대화

- 19세기~
강력한 해군과
식민지

영국, '세계의 공장'이 되다!

그 후 공업 생산은 안정되었고……

금본위제를 채택해
영국 파운드가 세계의 기축통화로 자리 잡음

금융시장을 지배함으로써 전 세계를 얻다

02

미국, 금과 달러로
세계경제의 패권을 쥐다

풍부한 자원: 미국 경제력의 기반

영국을 이어 세계경제의 패권을 거머쥔 국가는 미국이다. 미국의 강점은 뭐니 뭐니 해도 드넓은 국토와 풍부한 자원에 있다. 미국은 세계에서 세 번째로 넓은 국토를 갖고 있다. 그저 넓기만 한 것이 아니다. 농업에 적합한 데다가 금맥金脈과 유전, 광산 등 갖가지 자원의 보고이기도 하다.

미국 국토가 처음부터 컸던 것은 아니다. 미국이 영국으로부터 독립을 선언하고 국가를 수립했을 당시 국토는 열세 개 식민지를 합한 데 불과했다. 면적을 따져보면 오늘날의 4분의 1 정도다.

당시 북미는 영국 외에도 프랑스, 스페인 등과 같은 열강이 식민지로 보유하고 있어서 마치 벌레가 파먹은 듯한 모양새였다. 하지만 19세기가 되자 식민지 경영이 어려워진 지역, 세력이 약해진 지역이 잔뜩 생겨났다. 미국은 이런 지역을 닥치는 대로 사들였다. 미국이 독립한 지 20년이 지난 1803년에 프랑스로부터 루이지애나를, 1819년에는 스페인으로부터 플로리다를 구입했다. 원주민들에게서도 오하이오, 인디애나, 일리노이 등을 사들였다. 물론 토지 거래에 익숙지 않았던 원주민과 대등한 상거래가 이루어졌을 리는 없고, 미국 정부가 잘 구슬려서 토지를 뜯어내다시피 했다. 1845년에는 멕시코와 전쟁을 벌여 승리했다. 멕시코령이었던 텍사스주를 병합하고, 캘리포니아와 뉴멕시코까지 손에 넣었다. 이렇게 해서 영토는 독립 당시와 비교해보면 네 배로 늘었다. 이 시점에서 현재 미국 영토의 형태가 거의 완성되었다.

서구 국가들의 경우 과학기술은 발달되어 있으나 그것을 활용하기 위한 자원이 그다지 풍부하지는 않다는 애로 사항을 지니고 있었다. 당초 서구 국가들이 대항해시대 이후 전 세계에 진출한 동기 중 하나가 '자국에는 충분하지 않은 자원을 확보하는 것'이다. 자국에 자원이 없으니 아프리카 대륙, 아메리카 대륙을 목표로 삼았다.

그러나 미국은 차고 넘칠 만큼의 자원이 있었다. 미국이라는 국가는 서양의 과학기술과 대륙의 풍요로움을 모두 갖고 있었던 셈이다. 강대국이 되지 않을 수가 없었다.

▤ 세계 제일의 채무국에서 세계 제일의 채권국으로

그러나 미국이 자원 대국이라 한들, 단박에 경제 대국으로 올라설 수 있었던 것은 아니다. 미국이 약진할 수 있었던 계기는 바로 제1차 세계대전이었다.

제1차 세계대전이 발발하기 전에도 미국은 나름대로 열강에 속하는 국가였다. 1894년에는 영국을 제치고 세계 1위의 공업 생산국 자리를 꿰찬 바 있다. 다만 유럽 국가들로부터는 여전히 '신흥국가' 취급을 받았다. 그도 그럴 것이, 미국이 영국으로부터 독립한 것은 18세기 후반의 일이다. 제1차 세계대전을 기준으로 놓고 봤을 때는 건국한 지 130년 정도밖에 지나지 않았다. 유럽 국가들 입장에서 미국은 신생국가였다.

게다가 미국의 독립도 프랑스의 힘을 빌려 겨우 일군 것이었다. 아직 개발하지 못한 대지가 가득한 나라이며 이제 겨우 국가 건설이 시작되었을 따름이라는 것이 미국에 대한 이미지였다. 실제로 미국은 유럽 국가들의 투자를 끌어모아 나라를 개발했다. 이는 현재의 아시아, 아프리카 등과 같은 신흥국가들이 취한 것과 같은 방법이었다. 제1차 세계대전이 발발하기 전에 미국은 타 국가들, 그 중에서도 주로 영국에 30억 달러나 되는 채무를 지고 있었다.

그러나 제1차 세계대전 전후로 이 구도는 대대적으로 재편되었다. 전쟁으로 인해 생산력이 떨어진 유럽 국가들은 미국에 대량의 군수 물자를 발주했다. 전쟁터에서 멀리 떨어져 있었던 미국은 피해를 조금도 입지 않고 막대한 전쟁 특수를 누리게 된 것이다. 미국이 유럽 국가들에 졌던 채무는 순식간에 소멸되었으며, 도리어 거액의 채권을 확보하게 되었다. 이렇게 해서 미국은 세계 1위의 채무국에서 세계 1위의 채권국으로 거듭났고, 유럽 국가들은 싫든 좋든 미국이라는 존재의 거대함을 인정하지 않을 수 없게 되었다.

또 하나의 변수는 바로 석유였다. 제1차 세계대전을 전후로 전 세계에서는 에너지 혁명이 일어나 주 에너지원이 석탄에서 석유로 옮겨갔다. 당시 전쟁에서 전투기와 전차, 잠수함 같은 신무기가 투입되었는데, 이 무기들은 석탄이 아닌 석유를 동력원으로 삼았기에 변화는 더 빠르게 진행되었다.

요즘 같으면 석유라는 말을 들었을 때 으레 중동을 떠올리지만, 중동의 대규모 유전은 제2차 세계대전 전후에 발견되었다. 제1차 세계대전 당시에는 미국이 세계 1위의 산유국이었다. 세계 최초의 대규모 유전은 1859년에 미국 펜실베이니아에서 발견되었다. 그 후 미국은 각지에서 대규모 유전을 발견·개발해 세계 최대의 석유 산출국이 되었다. 제1차 세계대전에서 연합국 쪽의 석유 대부분은 미국이 공급했으며, 연합국이 승리할 수 있었던 데는 미국의 석유 덕분이었다는 이야기가 있을 정도다.

미국은 제2차 세계대전 전후에도 전 세계 석유 수출의 60퍼센트 정도를 점하고 있었다. 동남아시아, 소련 등지에서도 석유 채굴이 이루어지기는 했으나 미국의 생산량을 따라잡기에는 까마득한 상태였다.

즉 미국은 '세계 1위의 공업국'이자 '세계 1위의 채권국'이면서 '세계 1위의 산유국'이었다.

≣ 미국의 금 비축 정책이 대공황을 불러오다

제1차 세계대전을 거치며 압도적인 경제력을 갖게 되었지만 이 시점에서는 미국이 세계경제의 패권을 거머쥐었다고 표현하기는 아직 이르다. 그 세력이 기울었다고는 하나 영국은 전 세계에 식민지를 보유하고 있었으며 파운드는 여전히 세계의 기축통화 역할을 톡톡히 하고 있었다. 아직까지도 영국이 세계경제에 은근한 영향력을 행사하고 있었다.

게다가 이때 미국은 세계경제의 패권을 쥐고자 하는 야심을 품고 있지는 않았다. 그보다는 어떻게 하면 미국을 풍요롭게 할 수 있는가, 금을 많이 모으려면 어떻게 해야 하는가에만 전념했다. 제1차 세계대전을 통해 미국 경제가 크게 성장했고, 무역 흑자가 불어났으며 대량의 금이 유입되었지만 축적된 금을 적극적으로 투자하는 것과 같은 일은 조금도 고려하지 않았다. 오히려 자국에 인플레이션이 일어날 것을 경계하여 '금 비축 정책'을 실시했다. 이 정책이 실은 대공황을 불러온 요인 중 하나이기도 하다.

당시 대부분의 유럽 국가들과 미국은 금본위제를 채택하고 있었다. 금본위제에서는 자국의 통화가 금과 연동되어 있으므로 자국에 금이 유입되면 그만큼 통화를 발행한다. 조금 더 자세히 설명하자면, 금본위제는 다음과 같은 시스템으로 각국 통화의 안정을 도모할 수 있도록 짜여 있다.

- 무역 흑자로 금 보유량이 증가하면 해당 국가의 통화량이 증가한다.
- 해당 국가에서는 인플레이션이 일어나기 때문에 수출품 가격이 오르고 국제경쟁력이 떨어진다.
- 그 결과 무역 흑자가 감소하며 타국의 무역 적자가 해소된다.

그러나 미국은 대량의 금이 흘러들어 오고 있음에도 인플레이션이 발생할 것을 우려하여 통화량을 증가시키지 않았다. 1922년 8월 이후부터 유입된 금을 미국의 중앙은행인 연방준비은행의 금준비에 포함되지 않도록 한 것이다. 이로 인해 대량의 금이 미국으로 유입되고 있음에도 미국의 국제경쟁력은 떨어지지 않았으며, 무역 흑자는 더욱 증가했고 금도 점점 더 흘러들어 왔다. 그 결과 1923년 말에는 전 세계 금의 40퍼센트를 미국이 보유했다.

미국에만 금이 쌓이고 무역 흑자가 이어지는 세계경제란 건전하지 못한 것이다. 유럽 국가들의 경제가 회복되지 않으면 머지않아 미국의 수출도 시들해지며 미국 경제도 후퇴하고 말 터였다. 시장은 이와 같은 우려를 예상보다 빨리 드러낸 것 같다. 1929년 말, 뉴욕 주식시장은 갑자기 대폭락했고 그 여파는 전 세계로 퍼져나갔다. 이른바 대공황이다.

한편 미국은 제1차 세계대전 당시 영국과 프랑스에 대량의 무기들을 팔아넘겼는데, 같은 연합국이면서도 무기 대금을 한 푼도 깎아주지 않았다. 영국과 프랑스는 미국에 지불할 대금 마련을 위해 독일에 엄청난 액수의 배상금을 매겼다. 이 거액의 배상금 때문에 독일에서는 단기간에 물가가 급속도로 상승하는 하이퍼인플레이션이 발생했으며 독일 내 경제사회가 파탄 직전까지 내몰렸다. 이런 상황 속에서 독일 국민의 불만을 보듬고 헤아린다는 명목으로 탄생한 것이 바로 히틀러Adolf Hitler 정권이다.

정리하자면 미국은 제1차 세계대전을 통해 세계적인 경제 대국으로 거듭났으면서도 여전히 자국의 이익을 중심에 둔 경제활동을 이어갔다. 이것이 대공황과 제2차 세계대전의 요인 중 하나가 되었다.

이렇게 자국의 이익을 먼저 추구하는 성향은 정치적으로도 발현되어 당시에는 세계의 패권에는 전혀 관심이 없었다. 영국을 비롯한 서유럽 국가들을 상대로 하는 '대항마'라는 의식 정도였고, 오히려 제2차 세계대전이 일어나기 전까지는 유럽, 아시아 등지의 분쟁에는 관여하지 않는다는 '먼로주의' 방침을 채택했다.

전쟁을 하면 극히 일부의 사람들을 제외하고는 당연히 손해를 입기 마련이다. 당시 세계적인 분쟁 대부분은 미국과는 직접적으로 관계가 없는 장소에서 벌어지고 있었다. 제1차 세계대전 때만 해도 미국은 타국으로부터 침공을 받지 않았다. 독일이 폴란드를 침공하여 제2차 세계대전이 발발했을 때도 미국의 본토는 공격받지도 않았다.

게다가 미국이라는 국가의 특징은 자유주의와 개인주의에 있다. 각 개인은 자기의 이익을 추구하는 것이 옳다고 여기는 국민성이 존재한다. 이런 탓에 '전쟁은 쓸데없는 짓이며 타국의 분쟁에 휩쓸려 희생당하는 건 말도 안 되는 일'이라고 받아들였다.

제1차 세계대전이 끝난 후 미국의 대통령 윌슨Woodrow Wilson이 제창하여 '국제연맹'이 발족되었으나, 정작 미국 스스로는 의회의 반대에 부딪혀 국제연맹에 참가하지 않는 추태를 보이고 말았다. 이 역시 국제연맹에 가입했다가 유럽의 분쟁에 휘말리게 될 것을 미국 국민들이 꺼려했기 때문이다.

🥤 달러가 기축통화로 자리 잡다

미국이 진정한 의미에서 세계경제의 중심으로 도약한 때는 제2차 세계대전이 끝난 후다. 제2차 세계대전 때도 미국 본토는 전쟁의 피해를 입지 않았다. 그리고 제1차 세계대전 때와 마찬가지로 연합국 쪽에 대량으로 군수 물자를 팔아치워 전 세계 금의 70퍼센트를 보유하기에 이른다.

한편 대공황부터 제2차 세계대전에 이르는 세계경제의 혼란은 미국 입장에서도 쓰라린 교훈이 되었다. 대공황 후 영국과 프랑스가 블록경제를 시행했기 때문에 세계 시장의 태반이 닫혀버려 미국의 농산물과 공업 제품은 갈 곳을 잃었고, 이는 미국 경제를 위협했다.

그리하여 미국은 전쟁이 끝난 후 세계경제의 패권을 장악하고 미국을 중심으로 한 자유무역권을 전 세계로 확장하기 위한 움직임을 시작했다. 이 시점부터 미국은 세계경제의 리더임을 자부하게 된다.

제2차 세계대전 막바지였던 1944년, 미국의 브레튼우즈에서 전후 국제경제의 새로운 틀이 형성되는 회의가 개최되었다. 이것이 그 유명한 브레튼우즈협정으로 미국이 세계경제의 중심으로 자리 잡은 것은 여기에서 비롯되었다고 할 수 있다. 미국은 이 협정에서 달러를 금과 태환시키고 세계의 기축통화로 삼을 것을 주장했다.

제2차 세계대전이 발발하기 전, 서구 국가들은 계속되는 금 유출 때문에 금 태환을 정지시켰다. 이로 인해 금본위제의 규칙이 붕괴되었고 세계무역은 대혼란에 빠졌다. 미국은 이 문제를 해소하기 위해 전 세계 국가들을 상대로 "달러와 금의 태환을 보증할 테니 향후 달러를 기축통화로 사용해 달라"고 주장했다. 미국은 대량의 금을 보유하고 있으니 달러와 금 태환 요청에 응할 수 있다는 것이었다. 달러를 세계무역의 기축통화로 삼게 되면 전 세계 국가들은 무역을 할 때 달러를 조달해야 하며 필연적으로 미국은 '세계의 은행'이라는 지위에 군림하게 된다.

그때까지 세계의 기축통화는 영국의 파운드였던 만큼 영국은 미국의 주장을 그리 쉽게 받아들일 만한 입장이 아니었다. 하지만 당시 미국과 영국의 경제력 차이는 매우 컸고, 전쟁 후의 부흥은 미국의 지원에 의존해야 하는 상황이었으므로 결국 미국의 주장이 관철되었다. 이 시점에서 세계의 경제 패권은 영국에서 미국으로 옮겨갔다고 할 수 있겠다.

제2차 세계대전에 마침표를 찍은 1945년, 영국은 미국에 38억 달러의 융자를 요청했다. 전쟁으로 인해 식량과 원자재 등이 절대적으로 부족해졌기 때문이다. 미국은 그 대가로 영국의 블록경제 해체를 요구했다. 같은 해 프랑스도 미국에 10억 달러의 지원을 요청했고, 미국은 마찬가지로 프랑스의 블록경제 해체를 요구했다.

농업 및 공업 생산 면에서 전 세계를 압도했던 미국은 '자유로운 시장'이 절실했다. 당시 영국과 프랑스는 보유한 식민지까지 고려했을 때 시장의 크기로는 세계 1위, 2위였다. 영국과 프랑스가 식민지들을 자유 시장으로 개방해주지 않으면 미국의 농산품과 공업 제품은 갈 곳을 잃고 만다. 그래서 미국이 영국과 프랑스에 시장 개방을 요구했던 것이다. 영국과 프랑스는 미국의 수출품이 지닌 경쟁력에 위협을 느꼈고 자국의 산업을 지키기 위해 시장을 개방하는 일은 되도록 하고 싶지 않았다. 그러나 전쟁의 상흔을 딛고 재기하기 위해 어쩔 수 없이 미국의 요구를 받아들이고 말았다.

당시 압도적인 수출 경쟁력을 지녔던 미국은 세계가 자유롭게 무역을 할 수만 있다면 미국의 번영은 오래 지속될 거라 여겼다. 그러나 고작해야 20여 년 후에, 미국이 일본과 서독 등의 수출 공세에 견디다 못해 자유무역 규제에 동참하리라고는 누구도 예상하지 못했을 것이다.

전 세계에 달러를 뿌려댄 미국의 검은 속셈

미국은 제2차 세계대전이 끝나자마자 서방 국가들에 막대한 경제 원조를 실시했다. 이 대외원조계획의 이름은 '마셜플랜'으로 정책의 발안자인 미국 국무장관 조지 마셜George Marshall의 이름을 땄다. 마셜플랜을 통해 미국은 서방 국가들에 1948년부터 1951년까

세계대전을 거칠 때마다 경제력이 상승한 미국

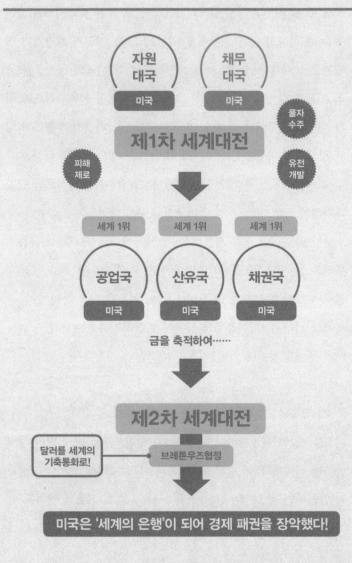

지 102억 6000만 달러를 원조했다. 게다가 그중 90억 달러는 변제할 필요가 없는 '증여'였다. 90억 달러가 어느 정도 규모였는가 하면 당시 미국 연간 예산의 약 20퍼센트에 상당하는 액수다. 미국의 입장에서도 거액의 돈을 무상으로 원조한 것이다.

마셜플랜을 통해 원조한 돈에는 사용처가 엄격히 지정되어 있었는데, 대체로 미국의 농산물이나 공업 제품을 구입하는 것이었다. 그렇기는 해도 어쨌든 미국은 90억 달러어치의 농산물이나 공업 제품을 무상으로 제공한 셈이다. 씀씀이가 시원시원했던 것만큼은 분명하다.

그런데 왜 이런 마셜플랜을 시행했을까? 물론 마셜플랜은 순수한 인도주의의 산물 같은 것이 아니었으며 여기에는 미국 나름대로의 계산이 있었다.

제2차 세계대전이 종결되었을 때 미국의 수출은 160억 달러에 조금 못 미치는 수준에까지 이르러 있었다. 하지만 미국의 수입은 그 절반에 지나지 않았다. 다시 말해 160억 달러의 절반이 무역 흑자였다.

이 같은 무역 흑자를 발생시켜 준 상대의 대부분은 서방 국가들이었다. 서방 국가들은 미국과 무역을 할 때 달러나 금으로 대가를 지불해야만 했지만 전쟁이 끝난 뒤 더 이상 달러도 금도 거의 남아 있지 않았다. 그래서 미국으로부터 더 이상 물품을 수입할 수 없는 상태에 놓여 있었다.

만일 서방 국가들이 수입을 멈춘다면 미국 경제도 커다란 타격을 입을 것이 분명하다. 160억 달러어치의 수출이 불가능해진다면 대량의 실업자가 발생할 것이다. 미국 입장에서는 반드시 피해야 하는 상황이었다. 그래서 서방 국가들을 지원하여 미국의 수출을 지탱할 정도로 부흥시키겠다는 것이 마셜플랜의 숨은 진짜 얼굴이었다.

03 또 하나의 자원 대국, 소비에트연방

공산주의 사상이 선진국에서 유행한 이유

제1차 세계대전부터 제2차 세계대전에 걸쳐서 미국이 차차 세계의 경제 패권을 거머쥐고자 하던 때, 갑자기 거대한 대항 세력이 나타났다. 바로 소비에트사회주의공화국연방, 소련이다. 잘 알려진 대로 소련은 '공산주의 국가'다.

공산주의라는 사상은 지금이야 과거의 유물인 양 여기기 쉽지만 19~20세기에는 전 세계를 석권했던 경제 사상이다. 19세기 독일에서 탄생한 공산주의 사상은 전 세계의 지식인들에게 널리 퍼졌다. 당시는 자본주의의 부작용이라고도 할 수 있는 '빈부 격차'가 사회 문제로 대두된 시기였다. 산업혁명을 통해 대규모 공장이 출현하여 거액의 부를 축적하는 자본가가 생겨나는 한편, 공장에서 일하는 노동자들은 낮은 임금을 받으며 가혹한 노동을 강요당하고 있었다. 당시 서구 국가들은 아직 노동법이 제대로 정비되어 있지 않았고, 임금이나 노동 조건은 고용주와 노동자 사이에서 자유로이 결정되곤 했다. 그 결과 불리한 입장에 놓인 노동자들은 어떤 조건이든 울며 겨자 먹기로 받아들여야 했다. 그런 데다 불경기가 찾아오면서 실업자들이 거리에 넘쳐났다. 일자리를 잃게 되자 생활이 금세 어려워져서 자살하거나 범죄를 저지르는 이들도 많았다.

이와 같은 자본주의의 모순을 단번에 해결할 사회 시스템으로 공산주의를 부르짖게 되었던 것이다. 공산주의는 빈부 격차도 불경기도 실업도 없이 모두가 한결같이 번영을 누릴 수 있다는 이상향 같은 사상이었다. 공산주의 사상은 동시대의 선진국이라면 어디에서든 유행했다. 일본만 해도 공산주의에 경도된 젊은이들이 다수 등장했다. 바로 그 공산주의 운동이 국가라는 형태로 처음 결실을 맺은 것이 소련이었다.

제1차 세계대전 중이던 1917년 11월 7일(러시아력으로는 10월 25일), 러시아혁명이 불러일으킨 혼란 속에서 공산주의자 무리가 무장봉기하여 권력을 장악했다. 그리고는 공산당 독재에 의한 세계 최초의 공산주의 국가 '소비에트사회주의공화국연방', 즉 소련이 탄생한다.

건국 초기의 소련은 급격한 경제 발전을 이루어갔다. 공산주의라는 사회 체제는 피폐한 상태의 국가가 부흥하는 데는 상당한 효력을 발휘했던 것 같다. 제1차 세계대전과 러시아혁명 때문에 대혼란에 빠져 있었던 당시 소련은 공산주의 정권의 지도에 따라 단기간에 국가를 재건하는 데 성공했다.

1928년에는 경제 발전을 위한 5개년계획을 시행했다. 바로 '제1차 5개년계획'으로, 골자는 아래와 같다.

- 귀족이나 부유층이 독점하고 있던 농지를 모두 국유화하고 국민에게 나누어 제공하며, 일부는 집단 농장으로 전환한다.
- 중공업을 산업의 중심으로 자리매김하고, 사람과 자원을 중점적으로 배분하여 발전을 도모한다.

그 결과 공업 생산고는 250퍼센트 증가했으며 중공업은 330퍼센트, 농업 생산은 150퍼센트나 증가했다.

마침 이 시기의 서구나 일본 같은 자본주의 국가들은 대공황의 영향으로 생겨난 심각한 실업 문제에 골머리를 앓고 있었다. 그러한 까닭에 소련이 거둔 성공은 "공산주의는 불황이나 실업과는 무관하다"라는 마르크스Karl Marx의 예언이 실현된 것처럼 보이게 했고, 전 세계의 지식인들에게 커다란 희망을 안겨주었다.

공산주의 국가, 소련의 경제 발전

제1차 세계대전

러시아혁명

소비에트사회주의공화국연방 탄생!

제1차 5개년계획

- 사유 농지 국유화
- 농지 일부는 집단 농장으로
- 산업의 중심을 중공업으로

전 공업 생산고 250퍼센트 성장
중공업 생산고 330퍼센트 성장
농업 생산고 150퍼센트 성장

단기간에 국가 재건 성공

다만 이는 소련이 대외적으로 발표한 것일 뿐이며, 대규모로 숙청을 행하고 농촌에서 강제로 곡물을 공출했으며 대규모의 아사자가 발생하는 등의 일들은 감추어져 있었다. 하지만 어찌 되었든 당시 소련이 그 나름대로 발전을 이뤘다는 점은 틀림없는 사실이었다.

🍚 공산주의 확산에 대한 구미의 경계심

소련의 탄생을 두고 다른 국가들은 어떠한 태도를 보였을까? 대부분의 국가는 '소련을 인정하지 않는다'라는 입장을 취했다. 공산주의 사상이 널리 퍼져 자국으로까지 영향을 미칠까 봐 경계심을 가졌던 것이다. 게다가 당시의 공산주의 사상은 무력 혁명을 표방했다. 달리 말하면 선거를 통해 정권을 장악하는 것이 아니라 무력을 통해 혁명을 일으켜야 한다는 사고방식을 갖고 있었다. 그러니 당시 다른 국가 정권들이 공산주의 사상을 경계한 것도 무리는 아니다.

소련이 탄생한 직후인 1918년, 영국과 프랑스, 미국, 일본 등은 소련에 고립당한 체코 군단을 구출한다는 명목하에 시베리아로 군대를 보냈다. 그러나 이 시베리아 출병에서 이렇다 할 성과를 거두지 못했으며 1922년에는 모든 국가가 철수했다. 이후로도 서구 열강은 무력을 통해 몇 차례 압력을 가했으나 소련은 굴하지 않았다.

공산주의에 대한 서구 국가들의 경계심은 나치 정권이 탄생하는 배경으로 작용하기도 했다. 1930년대 초 독일에서는 공산당과 나치당이 대대적으로 약진했다. 1933년 1월 독일의 정재계는 공산당이 정권을 쥐는 것보다는 낫다는 이유로 히틀러를 수상에 임명해 나치 정권을 탄생시켰다.

1936년 일본과 나치 독일은 소련을 중심으로 한 공산주의에 대항하고 공동으로 방어한다는 내용의 방공협정을 체결했다. 이는 코민테른(공산주의인터내셔널)이 일본과 독일을 비난했던 데 따른 대항 조치이기도 했다. 그리고 당시 일본과 독일은 국제연맹을 탈퇴하여 국제적으로 고립되던 차였으므로, 세계적으로 적대시하던 공산주의를 막는다는 명분이라면 협정을 맺어도 다른 국가들 또한 용인하리라 본 것이다.

어찌 되었든 공산주의는 전 세계, 특히 서구가 계속해서 경계심을 품게 만들었다.

제2차 세계대전을 둘러싼 눈치 싸움

그런데 제2차 세계대전에는 영국과 미국, 프랑스 등이 중심이었던 연합국 진영에 소련이 합류한다. 사실 처음부터 연합국 진영에 참여했던 것은 아니고 오히려 추축국 진영에 가세할 가능성도 다분히 있었다.

제2차 세계대전은 독일의 폴란드 침공을 발단으로 한다. 폴란드를 지켜야 한다는 명목으로 영국과 프랑스가 독일에 선전포고를 한 것이다. 그런데 이때 소련도 폴란드를 침공했다. 독일과 소련은 비밀조약을 체결하여 폴란드를 동서로 분할하려 했다.

폴란드를 침공한 직후, 소련은 핀란드에 대해서도 강경한 요구를 내놓았다. 카렐리야 지협의 국경선을 북쪽으로 후퇴시키고 핀란드 남서부에 있는 한코반도를 기지로서 조차할 수 있게 해달라는 것이었다. 핀란드는 이 요구를 거부했고 1939년 11월, 국경 부근에서 발생한 충돌을 계기로 전쟁 상태에 돌입했다. 소련은 핀란드의 세 배에 이르는 병력으로 핀란드군을 압도했다. 핀란드가 우방이라 믿었던 스웨덴은 소련을 두려워하여 중립을 결정했다.

사면초가에 빠진 핀란드는 국제연맹에 억울함을 호소했다. 그런데 국제연맹은 소련을 제명하기만 하고 군사적인 제재를 가하지는 않았다. 다시 말해 소련은 국제연맹으로부터 제명당할 수준의 '악행'을 저질렀고, 나치와 거의 다를 바 없는 존재였던 셈이다.

그러나 영국과 프랑스는 독일에는 선전포고를 했으면서 소련에는 그렇게 하지 않았다. 영국과 프랑스가 교활하다고 하면 교활한, 현명하다고 하면 현명한 부분이다. 만일 이때 영국과 프랑스가 소련에까지 선전포고를 했었다면 완벽히 패배했을 것이다. 당시 그들에게는 소련과 맞서 싸울 여력이 없었기 때문이다. 독일과의 전쟁만으로도 프랑스는 항복이라는 처참한 결과를 얻었으며 영국 또한 항복 직전까지 내몰렸다. 만일 독일군에 소련군이 가세했다고 하면 영국도 항복을 면치 못했을 것이다.

요컨대 영국과 프랑스가 소련에 선전포고를 하지 않았던 이유는 소련까지는 도저히 손이 미치지 못했기 때문이다. 그러나 독일의 경우 더 이상 내버려둘 수가 없었고 그래서 독일에만 선전포고를 했다. 이것만 보아도 영국과 프랑스가 정의를 위해 싸웠다는 말은 거짓이라 할 수 있다. 영국과 프랑스는 폴란드를 지킨다는 이유를 내세웠으나 실은 독일의 세력 확대를 용납하지 못했던 것뿐이며 싸움에서 이기기 위해 적을 가려 골랐다.

독일과 소련은 손을 잡고 폴란드를 분할했지만 그 후에는 관계가 악화되었다. 그러자 독일은 영국과 교전 상태인 채로 1941년 6월에 소련도 침공했다.

독일과 소련이 전쟁을 시작했을 때, 미국과 영국, 프랑스는 처음부터 소련을 지원하려 하지는 않았다. 미국 국무부는 독소전쟁 발발 후 24시간이나 계속된 논의 끝에 소련의 종교부정주의와 공산당 독재주의는 결코 용인될 수 없으나 히틀러가 승리하는 쪽이 더 위험하다는 이유로 소련을 지원할 것을 표명했다.

그리고 미국은 소련에 113억 달러어치의 무기를 거의 무상으로 제공했다. 군용기 약 1만 5000기, 전차 약 7000량, 군용자동차 약

40만 대에 이르는 막대한 양이었다. 독일이 모스크바까지 쳐들어왔어도 소련이 버틸 수 있었던 것은 미국의 지원 덕분이었다고 할 수 있다.

그러나 미국은 무기를 제공하는 것 이상의 지원은 좀처럼 하려고 하지 않았다. 미국이 유럽 대륙에 상륙하여 독일을 배후에서 공격한다면 소련은 금세 숨통이 트일 터였다. 게다가 1941년 말 독일은 미국에도 선전포고를 했으므로 미국이 언제고 유럽에 상륙해도 상관없는 상태였다. 그러나 미국은 아프리카 대륙의 독일군과는 싸웠어도 유럽에 진출하지는 않았다.

여기에는 미국의 교활한 계산이 자리하고 있다. 이 시기 민주당의 상원 의원 해리 트루먼Harry Truman은 "독일이 승리할 것 같으면 소련을 지원하고, 소련이 승리할 것 같으면 독일을 지원하면 된다. 그들을 싸우게 만들어 둘 다 피폐하게 만들면 그만이다. 다만 히틀러가 최후에 승리하는 경우만큼은 피해야 할 것이다"라고 한 바 있다. 이것이 당시 미국의 속내로, 소련이 됐든 독일이 됐든 전쟁을 통해 국력을 약화시키고자 했다.

소련에 113억 달러나 되는 무기를 지원해도 대가는 거의 기대할 수 없다. 여기에 군대까지 보내 소련을 돕게 된다면 인적 손실이 발생한다. 이 이상 소련을 지원하는 일은 '손해'라는 계산이 선 것이다.

그러나 이와 같은 미국의 계산은 빗나가고 말았다. 미국의 유럽 상륙이 늦어진 탓에 소련은 자력으로 나치 독일을 물리치고 독일 본국까지 공격해 들어갔다. 진격하는 와중에 동유럽 지역도 점령해서 제2차 세계대전이 끝났을 때는 동유럽 대부분이 소련의 점령 지역으로 바뀌어 있었다. 이 지역이 소련을 중심으로 한 공산권에 고스란히 편입되어버린 것이다.

▤ 냉전 장기화는 소련의 풍부한 자원 때문이다?

전쟁을 거치며 황폐해진 것은 영국과 프랑스만이 아니었다. 소련이나 동유럽 지역도 커다란 타격을 입었다. 특히 소련과 동유럽은 나치 독일과의 격전이 펼쳐진 전장이었으므로 인적·경제적 피해가 엄청났다.

당시 소련은 미국의 지원을 기대하고 있었다. 전쟁 중에는 113억 달러나 되는 무기를 흔쾌히 지원했으니 전쟁이 끝난 후에도 상당한 지원을 해주지 않을까 하고 생각한 것이다. 그래서 마셜플랜에도 참가할 준비를 하고 있었다.

1947년 7월, 마셜플랜을 수용하기 위해 영국과 프랑스, 소련의 삼자회의가 파리에서 개최되었다. 소련 대표로 참석한 몰로토프 Vyacheslav Molotov 외무장관은 동유럽의 공산주의 국가들에도 마셜플랜에 참가할 준비를 진행하도록 지시한 상태였고, 폴란드나 체코슬로바키아 등은 실제로 참가할 예정이었다. 하지만 독일 점령 정책 등을 둘러싸고 몰로토프 외무장관과 영국·프랑스 대표가 대립을 일으켰고, 몰로토프는 회의 도중에 귀국해버렸다.

그리고 소련은 동유럽 국가들을 대상으로 미국의 마셜플랜을 수용하지 말도록 압력을 행사하고 그 대신 경제상호원조회의 COMECON를 결성했다. 이 COMECON을 통해 소련과 동유럽은 경제적으로도 강하게 결합되었다. 1947년에는 소련과 동유럽 사이의 무역이 3억 8000만 달러에 불과했으나, 5년 후인 1952년에는 25억 달러를 뛰어넘었다. 일곱 배 가까이 증가한 것이다. 동유럽 국가들의 무역 중 70퍼센트는 소련 아니면 다른 동유럽 국가들 사이의 거래에서 비롯되었다. 이렇게 소련과 공산권은 완전히 블록경제로 거듭났다.

제2차 세계대전 직후, 서방 국가들은 국토의 황폐화와 맞닥뜨렸고 산업은 극도로 정체되었다. 그래서 미국은 서방 국가들에 경제봉쇄를 가하기 쉬운 상황에 놓였다. 다시 말해 미국이 "경제원조나 무역을 하지 않겠다"라고 한다면 대다수의 서방 국가들은 궁지에 빠진다. 그러므로 어느 국가든 미국이 말하는 대로 듣지 않을 수 없었다.

그러나 소련만은 간신히 미국에 "NO"라고 말할 수 있었다. 전쟁 직후 소련의 산업 또한 상당히 파괴되어 있었고 미국의 지원이 필요한 상황이었다. 미국과의 경제 교류가 사라지면 커다란 타격을 입는다. 하지만 미국과의 교역이 단절된다 한들 입에 풀칠조차 못 하게 될 수준은 아니었다. 소련은 막대한 자원을 보유한 국가였다. 석유·천연가스·석탄 같은 에너지자원, 철광석·금·동·니켈·수은·알루미늄 같은 광물자원 등 산업에 필요한 자원의 대부분이 소련 내에서 산출된다고 해도 과언이 아니었다. 냉전 시기에는 석유 산출량으로 사우디아라비아를 제치고 세계 1위를 차지한 적도 종종 있었다(지금은 세계 2위다). 어패류 같은 수산자원도 풍부했으며 삼림이 국토의 절반을 차지하기 때문에 목재도 넉넉했다.

동유럽 국가들은 소련으로부터 에너지와 자원을 공급받았고, 소련은 동유럽 국가에게서 농산물을 얻음으로써 공산권 내에서 자급자족이 가능했다. 요컨대 미국의 경제제재를 받아도 그럭저럭 살아갈 수 있었기 때문에 긴 냉전 상태에 접어들었던 셈이다.

04

아랍을 재건한
오일 머니의 위력

📚 여전히 현재진행형인 중동 문제의 기원

이쯤에서 중동으로 건너가 아랍 세계로 눈을 돌려보고자 한다.

중동의 아랍 국가들은 작금의 세계정세에서 커다란 영향력을 가지고 있다. 중동의 석유는 세계경제 안에서 무시할 수 없는 요소로 자리 잡았으며, 산유국이 보유한 오일 머니는 국제 금융시장을 좌우할 만큼의 강력한 존재가 되었다. 그러는 한편, IS라는 국제정서로부터 일탈한 이슬람주의 세력이 탄생했으며 이슬람 과격파에 의한 테러 활동이 전 세계적으로 벌어지고 있다.

물론 이러한 현상의 배경에는 '돈'이 크게 얽혀 있다.

현재 중동 정세를 돈의 흐름으로 읽어내기 위해서는 일단 오스만튀르크 시대로 거슬러 올라가야 한다. 중동은 아시아, 아프리카와 마찬가지로 오랫동안 서구 국가들의 식민지 상태에 놓여 있었던 것 같은 이미지가 있으나 사실은 그렇지 않다. 20세기에 진입할 때까지 중동의 이슬람 세계는 서구 국가들이 얼씬도 하지 못할 강한 세력을 지니고 있었다. 바로 '오스만제국'으로 1299년 현재의 터키 부근에서 오스만이라는 소규모 호족이 점차 발전한 국가다. 14세기부터 15세기 전반에 걸쳐 성장했으며 1453년에는 콘스탄티노플(현재의 이스탄불)을 공략하여 로마제국의 후예인 비잔틴제국을 멸망시켰다. 16세기 초에는 이집트의 맘루크 왕조를 지배하에 두었다. 오스만제국은 콘스탄티노플에 수도를 두고, 전성기에는 동유럽에서 아랍 전체, 서아시아, 서아프리카까지 이르는 광대한 지역을 영유했다. 게다가 600년 이상이나 지속되어 20세기에도 여전히 대제국을 유지하고 있었다.

일본의 초·중등 역사 교과서는 이 오스만제국을 대수롭지 않게 기술하는 경우가 많다. 그러나 사실은 중세부터 근대에 걸친 세계사에 커다란 영향을 끼친 존재다. 이를테면 서구 국가들의 대항해시대도 오스만제국이 있었기 때문에 시작된 것이다. 당시 서구 국가들은 아시아에서 들여오는 향료가 필요했다. 요리에 다양한 변화를 부여하는 향료는 중세 서구의 상류계급에게 빼놓을 수 없는 식재료였다. 이 향료를 서구로 가져오기 위해서는 오스만제국을 경유해야만 한다.

그러나 오스만제국과 서구 국가들은 기독교와 이슬람교의 대립 문제로 언제나 적대적인 관계에 가까운 상태였다. 오스만제국의 상인들은 서구의 상인들에게도 향료를 판매했으나 당연히 가격을 몹시 비싸게 매겼다. "후추 1그램은 은 1그램과 맞먹는다"라는 말이 있을 정도였다. 그러한 까닭에 서구 국가들은 오스만제국을 우회하여 아시아와 직접 교역할 목적으로 아프리카 항로와 대서양 항로 개척에 나섰다. 이것이 대항해시대의 발단이다.

그 후 서구 세계가 급격히 발전하여 산업혁명이 일어난 뒤에도 오스만제국은 결코 굴하지 않았다. 오스만제국은 유럽 국가들과 서로 이웃해 있었으므로 나름대로 새로운 문명을 받아들이고 있었다. 산업혁명의 여파도 오스만제국에 전달되었고 최첨단 군사 무기도 보유했다. 무엇보다도 광대한 영토와 경제력, 인구를 갖고 있었기 때문에 전쟁을 한다면 결코 만만하지 않은 상대였다. 18세기부터 19세기에 걸쳐 아프리카와 아시아의 국가나 지역들이 하나둘씩 구미의 식민지 신세가 되었으나 오스만제국만큼은 구미의 침공을 허용하지 않았다.

그러나 강력한 힘을 가지고 있던 오스만제국도 20세기에 들어서면서 몰락을 맞이한다.

오스만제국의 몰락은 제1차 세계대전에서 비롯되었다. 유럽에서 발발한 이 대전쟁에서 오스만제국은 독일과 오스트리아의 동맹국 진영에 가담하고 만다. 제 아무리 오스만제국이라 한들 이 무렵에는 한때 대제국으로서 지니고 있었던 구심력을 잃어버린 상태였고 리비아와 알바니아 등은 제국에서 이탈했다. 또한 러시아의 남하에 따른 압력도 받고 있었다. 그러한 상황을 타개하기 위해 신흥국 독일에 접근하여 동맹 관계를 맺은 것이다.

영국, 프랑스를 중심으로 한 연합국 진영은 당초 오스만제국을 자신들의 진영에 끌어들일 계획이었으나 실패한다. 그리고 오스만제국이 동맹국 진영의 일원으로 참전하자 이번에는 오스만제국을 와해시킬 공작을 꾸미게 되었다. 오스만제국의 지배하에 놓여 있었던 아랍 부족에게 전쟁이 끝난 후 독립하는 것을 조건으로 내걸고 전쟁에 협력하도록 교묘하게 조정한 것이다.

영화 〈아라비아의 로렌스〉의 주인공으로 유명한 영국의 육군정보부 소속 토머스 에드워드 로렌스Thomas Edward Lawrence 중위도 이때 공작원 중 한 사람이었다. 고고학자이면서 중동에 조예가 깊었던 로렌스는 제1차 세계대전이 시작되자 육군정보부에 소환되어 임시로 중위 임명을 받는다. 그는 뛰어난 어학 실력을 살려 아랍 부족에 잠입한 후 오스만제국에 대한 반란을 일으키게 만들었다. 이러한 공작 행위들이 결실을 맺어 1차 세계대전 후 오스만제국은 와해되고 말았다. 그리고 영국과 프랑스의 주도에 따라 팔레스타인, 이라크, 요르단, 시리아, 레바논 등 현재의 아랍 국가들의 원형이 형성되었으며 600년 넘게 계속되었던 오스만제국은 소멸을 맞이했다. 지금까지도 이어지고 있는 중동의 혼란은 이때 시작되었다.

🎵 유대인의 재력을 탐한 영국이 만들어낸 불씨

현재 중동의 혼미한 정세는 1차 세계대전 당시 영국의 오스만제국 해체 공작이 불씨로 작용했다. 영국은 제1차 세계대전 후의 중동을 둘러싸고 프랑스, 아랍 사회, 유대인 총 삼자에게 서로 다른 제안을 했다.

동맹국인 프랑스를 상대로는 중동 전체를 영국과 프랑스 두 국가가 분할하자는 제안을 했다. 제1차 세계대전에서 함께한 동맹국이자 당시 세계적 강국이었던 프랑스의 비위를 맞출 목적이었다. 아랍 사회에는 팔레스타인을 포함하여 중동 전체에서 오스만제국을 대신할 아랍 왕국을 수립할 때 적극적으로 돕겠다고 제안했다. 앞서 설명했듯이 당시 이슬람 세계의 대부분은 오스만제국의 지배하에 놓여 있었다. 그러나 오스만제국의 지배를 좋지 않게 여기는 부족도 존재했기 때문에 전후 독립을 조건으로 각 부족이 반란을 일으키게 한 것이다.

그리고 마지막 하나가 유대인에게 제안한 유대인 내셔널 홈(거주지) 건설이다.

유대인은《구약성서》가 경전인 유대교를 믿는 사람들을 가리킨다.《구약성서》는 기독교와 이슬람교의 경전으로 말하자면 기독교와 이슬람교의 기원이다. 한때 유대인은 고대 팔레스타인 지방에 국가를 이루고 있었으나 로마의 침공을 받아 국가를 잃었다. 그후 2,000년에 걸쳐 각지로 흩어지거나 떠돌았으나 믿음만큼은 계속 지켰으며 언젠가 팔레스타인에 자신들의 국가를 재건하기만을 염원했다.

한편 유대인은 예로부터 금융 분야에 뛰어난 민족이었다. 각지를 떠돌아다니다 보니 정보력이나 네트워크가 좋았으므로 환전상을 운영하는 이들이 많았고, 그러던 것이 근대에 접어들며 은행을 세우는 형태로 흘러갔다. 유명한 로스차일드 가문Rothschild family도 18세기에 독일에서 발흥한 유대인 은행가 가문이다.

제1차 세계대전에서는 금융 영역에서 뛰어난 능력을 지닌 유대인 사회가 어느 쪽을 지지할지가 주목의 대상이었다. 물론 두 진영 모두 자기편으로 끌어들이고 싶어 했다. 유대인 사회를 아군으로 둘 수 있다면 전비 조달 면에서 대단히 유리할 테니 말이다. 유대인 사회에는 러시아와 싸우는 독일과 오스만제국을 지지하는 이들이 많았다. 당시 러시아가 유대인을 가장 박해했기 때문이다.

고전 중인 영국은 유대인 사회에 엄청난 약속을 제시했다. 바로 전쟁이 끝난 후 팔레스타인 지방에 유대인의 내셔널 홈을 건설하는 것을 지지한다는 것이었다. 현재의 이스라엘이 있는 팔레스타인 지방도 오스만제국의 지배하에 있었기 때문에 오스만제국이 무너지면 그 자리에 유대인 거주지를 형성하라는 내용이었다.

밸푸어선언이라 불리는 이 약속은 당시 영국의 외무장관이었던 아서 밸푸어Arthur Balfour가 유대인 사회를 대표하는 월터 로스차일드Walter Rothschild에게 보낸 편지에서 기인한다. 밸푸어 선언에서는 "유대인의 내셔널 홈을 만든다"라고 되어 있으며, 유대인 국가를 세운다고 명기되어 있지는 않았다. 그러나 유대인들은 이를 자신들의 국가를 세울 수 있다고 해석했다.[4]

즉 영국은 유대인의 재력이 탐나서 팔레스타인을 유대인에게

---

4) 아서 밸푸어가 월터 로스차일드에게 보낸 편지의 원문을 보면, "the establishment in Palestine of a national home for the Jewish people"이라 되어 있다. 편지 전체의 원문은 아래와 같다.

Dear Lord Rothschild,

I have much pleasure in conveying to you on behalf of His Majesty's Government, the following declaration of sympathy with Jewish Zionist aspirations which has been submitted to, and approved by, the Cabinet:
His Majesty's Government view with favour the establishment in Palestine of a national home for the Jewish people, and will use their best endeavours to facilitate the achievement of this object, it being clearly understood that nothing shall be done which may prejudice the civil and religious rights of existing non-Jewish communities in Palestine, or the rights and political status enjoyed by Jews in any other country.
I should be grateful if you would bring this declaration to the knowledge of the Zionist Federation.

Yours,
Arthur James Balfour

내준다는 약속을 해버린 것이다. 영국의 제안은 유대인 사회의 염원을 포착한 것이라 할 수 있겠다.

제1차 세계대전에서 연합국 진영이 간신히 승리했지만 전후 중동은 당연하게도 혼란에 빠졌다. 특히 팔레스타인 지방은 더없는 혼란 속에 놓였다. 아랍 세계와 유대인 사회의 대립이 싹튼 것이다. 영국의 삼중 외교가 불러일으킨 결과였다.

팔레스타인 지방은 국제연맹의 결정에 따라 영국의 위임통치령으로 지정된다.

제1차 세계대전이 종결될 당시, 팔레스타인에는 약 75만 명의 주민이 살고 있었으며 그중 65만 명이 아랍인이었다. 유대인도 거주하고 있었으나 소수에 불과했다. 아랍인과 유대인은 서로 친밀한 정도까지는 아니었어도 대체로 평온히 공존하고 있었다.

그러나 밸푸어선언을 계기로 유대인들이 대거 이주하기 시작했다. 제1차 세계대전이 끝난 후, 팔레스타인에 거주하는 유대인 수는 5만 명 정도에 지나지 않았으나 1931년부터 1935년 사이에 15만 명이 이주했다.

이를 두고 아랍인 사회는 크게 반발했다. 영국은 이스라엘 시장 자리에 아랍인을 앉히는 등 아랍 쪽을 배려했지만 유대인들의 이민이 계속해서 증가함에 따라 유대 사회가 가하는 압력도 거세졌다. 팔레스타인에서는 유대인과 아랍인들 간의 충돌이 빈번히 발생했고, 대참사로 발전하는 경우도 종종 벌어졌다.

제2차 세계대전 후 팔레스타인에서 벌어진 유대인과 아랍인의 대립은 한계점에 다다랐다. 이에 영국은 결국 위임통치를 포기하고 팔레스타인을 국제연합에 맡기기로 했다. 국제연합에서는 팔레스타인을 셋으로 분할하여 유대인 자치구, 아랍인 자치구, 그리고 각 종교의 중요한 성지가 있는 이스라엘의 일부는 국제연합의 관리하에 둔다는 제안을 했다. 유대인 쪽은 내키지 않아도 제안을 받아들였으나, 아랍 쪽은 그렇지 않았다. 유대인 쪽은 소득이 있으나 아랍 쪽은 잃을 것밖에 없었기 때문이다.

1948년 5월 14일, 영국의 위임통치가 종료되자 팔레스타인의 유대인들은 이스라엘 건국을 선언했다. 이와 동시에 독립을 승인하지 않은 주변 아랍 국가들과의 전쟁이 발발했다. 이것이 제1차 중동전쟁이다.

아랍 쪽은 이집트, 시리아, 모로코, 레바논, 이라크, 요르단, 사우디아라비아, 예멘이 참전했으며, 다수의 영국군 장교들도 아랍군 쪽에 동참했다. 15만 명의 아랍군에 비해 이스라엘군은 3만 명 수준이라 아랍이 압도적으로 유리한 듯 보였으나, 이스라엘군에는 종군 경험이 있는 이들도 많았던 데다 아랍군의 결속이 너무나 약했다. 결국 아랍군은 이스라엘의 공격에 쩔쩔매다 도리어 이스라엘군의 반격을 허용하고 말았다.

제1차 중동전쟁은 1949년에 휴전협정을 체결하며 종결되었으나 얄궂게도 아랍 쪽이 잃은 것이 더 많게 되었다. 이스라엘은 국제연합이 정한 유대인 자치구 이상의 지역을 지배하게 되었기 때문이다. 이 휴전협정에서 정해진 경계선이 현재 국제적으로 받아들여지고 있는 이스라엘 국경선이다.

전쟁 중에 주변국으로 도망친 팔레스타인 아랍인들은 이스라엘 정부로부터 귀환을 허가받지 못했고 수십 만 명이나 되는 난민이 생겨났다. 그들 중에는 지금까지 몇 대에 걸쳐 난민 캠프에서 생활하는 사람들도 있다. 이것이 팔레스타인 난민이 겪고 있는 비극의 시작이다.

🎐 중동의 정세를 더욱 복잡하게 만든 오일 머니

이와 같은 중동의 혼란에 또 하나의 커다란 요소가 보태진다. 바로 '석유'다.

제1차 세계대전부터 제2차 세계대전 전후에 걸쳐 중동에서 대규모 유전이 잇달아 발견된 것이다. 그때까지만 해도 중동에서 석유를 채굴할 수 있다는 사실은 밝혀졌지만 채산採算이 맞는 수준의 대규모 유전은 발견되지 않았다. 그러나 1908년 이란, 1927년 이라크에서 대규모 유전이 발견되었다. 또한 미국 석유 회사인 스탠더드오일오브캘리포니아Standard Oil of California(지금의 쉐브론

Chevron Corporation)가 1932년에는 바레인에서, 1938년에는 사우디아라비아의 담맘에서 대규모 유전을 발견한다. 같은 해에 쿠웨이트의 부르간에서도 유전이 발견되었다.

마침 이 무렵에는 에너지 혁명이 일어나 전 세계적으로 주 연료가 석탄에서 석유로 전환되고 있었다. 선박과 공장의 동력원으로 에너지 효율이 좋은 석유가 사용되는 일이 증가했고, 석유를 연료로 삼는 항공기와 자동차 등이 폭발적으로 보급되기 시작했다. 석유 수요가 대폭 상승한 것이다. 석유 수요가 늘어나면서 석유 채굴붐이 일었고, 중동이 각광을 받았다고 할 수 있겠다.

이스라엘과 아랍 국가들의 대립 구도만으로도 충분히 복잡한 상황에서, 석유라는 세계 최강의 전략 물자가 얽혀 들어온 것이다. 그러한 까닭에 서구 국가들은 중동의 이권 다툼에 불꽃을 튀기며 덤벼들게 된다.

제2차 세계대전 후 중동 지역은 한동안 서방 진영에 속해 있었다. 특히 미국은 이 지역에서 강한 영향력을 행사했다. 미국과 아랍 국가들의 유대는 제2차 세계대전 중에 맺어진 모종의 밀약에서 비롯되었으며 전쟁이 끝난 후 세계경제에 커다란 영향을 끼쳤다.

사우디아라비아 초대 국왕인 이븐 사우드Ibn Saud의 전기와 미국 중앙정보국CIA 소속이었던 로버트 베어Robert Baer의 수기[5)]에 따르면 1945년 2월 얄타회담 직후에 미국의 순양함 '퀸시'의 함상에서 루스벨트Franklin Roosevelt 대통령과 이븐 사우드 국왕의 극비 회담이 진행되었다. 이 자리에서 사우디아라비아는 향후 석유 거래 결제 시 모두 달러를 사용하겠다는 약속을 했으며, 그 대신 미국은 아랍의 왕국이 다른 국가나 세력에 위협당할 경우 군대를 보내 지켜주겠다는 확약을 했다고 한다.

이 밀약은 거의 사실로 인정되고 있다. 이븐 사우드 국왕의 전기 외에도 다수의 자료에 명시되어 있으며, 이후 미국과 사우디아라비아의 행보를 보아도 그와 같은 약속이 있었다고 추측할 수밖에 없다. 실제로 사우디아라비아는 뉴욕에 소재한 머니센터뱅크[6]의 비주거자달러예금계좌를 석유 거래 계좌로 지정했고, 모든 결제는 반드시 이 계좌를 사용하기로 했다. 미국도 아랍의 왕국이 위기에 처했을 때 수차례나 군대를 보냈다.

이때까지 미국은 '민주주의의 기수'를 표방하며 전 세계의 비민주국가에 개선을 요구하거나 항의를 하곤 했다. 그러나 각별히 아랍 지역에 관해서는 비민주적인 왕권 정부에 대해 아무런 행동을 하지 않고 용인해왔다. 이는 미국이 밀약을 지키고 있었기 때문이라고 볼 소지가 다분하다.

---

5) CIA 국장인 로버트 베어가 오랫동안 중동 업무를 담당해온 경험을 살려 쓴 《악마와의 동침See No Evil》을 가리킨다.
6) 뉴욕, 런던과 같은 대도시에 위치하며 개인 거래가 아닌 정부, 기업, 기타 은행 간의 거래로 수익을 얻는 은행을 말한다.

아랍 국가들도 미국과의 밀약을 견지해왔다. '석유는 달러로 거래한다'는 방침은 지금도 석유 업계 전체의 암묵적인 양해처럼 존재하고 있으며 이 관습은 미국에 엄청난 이익을 가져다주었다.

모름지기 석유란 '산업의 혈액'이자 사회의 필수품이며 최강의 전략 물자다. 게다가 거래액도 막대해서, 거액의 자금을 필요로 한다. 이런 석유를 달러로만 거래하는 것으로 한정했으니 석유가 필요한 국가는 달러를 준비해야 한다. 즉 석유를 사려면 먼저 달러를 사들여야 한다. 미국은 아무것도 팔고 있지 않은데도 여러 국가들이 달러를 자꾸자꾸 사준다. 미국은 윤전기를 돌리는 것만으로 전 세계의 돈이 흘러들어 오는 형국인 것이다. 달러가 석유 거래를 독점하고 있다는 사실은 지금도 달러가 세계의 기축통화로 인정받는 데 커다란 요인으로 작용했다고 할 수 있겠다.

📚 미국이 이스라엘과 멀어질 수 없는 이유

중동 문제를 복잡하게 만드는 또 하나의 요소는 미국과 이스라엘의 관계다. 이스라엘은 아랍 지역에서 미운털이 박힌 존재였고, 건국 당시 다수의 아랍 국가들은 이스라엘을 국가로 인정하지 않았다. 이 아랍 국가들은 세계에서 가장 중요한 산유 지역이었고, 앞서 설명했듯이 미국은 중동의 석유 이권을 손에 넣고 이를 이용해 경제 패권을 크게 확장하고 있었다. 미국의 입장에서는 친아랍 일변도로 가도 족하다.

하지만 마냥 그럴 수만은 없는 사정이 있었다. 미국과 이스라엘은 친척이라고도 표현할 수 있는 관계이기 때문이다.

이스라엘이라는 국가는 유대인이 세운 나라다. 그러나 유대인이 세계에서 가장 많이 거주하는 국가는 이스라엘이 아니라 미국이다. 미국에는 이스라엘보다도 많은, 500만 명 이상의 유대인이 살고 있다. 대항해시대 때 스페인과 포르투갈은 자신의 영토에서 유대인을 추방했으나 영국은 그렇게 하지 않았다. 그러한 까닭에 전 세계의 유대인들이 아메리카 대륙의 영국 식민지로 흘러들어 갔다.

특히 뉴욕에는 다수의 유대인이 이주해서 살고 있었기 때문에 '쥬욕Jew York(쥬Jew는 유대인을 가리킨다)'이라 불리며 야유받기도 했다. 현재 뉴욕에 거주하는 총인구의 20퍼센트 이상인 170만 명이 유대인으로 이는 예루살렘이나 텔아비브보다도 많은 숫자다. 즉 미국이야말로 세계 최대의 유대인 거주 국가이며 뉴욕은 세계 최대의 유대인 거주 도시다.

미국에서는 백화점 같은 소매업, 도매업, 언론계, 금융계, 영화산업 등의 분야에서 유대인 세력이 압도적인 점유율을 차지하고 있다. 또한 뉴욕의 금융계에도 유대인이 많다. 미국 경제는 유대인 없이는 논할 수 없을지도 모른다. 그리고 이들은 미국 의회를 상대로도 강한 영향력을 행사하고 있다. 유대인 단체는 당연히 친이스라엘 성향을 갖고 있으며 이스라엘을 지원하도록 로비도 벌인다.

현재 미국은 이스라엘에 매년 25억 달러에서 30억 달러 정도를 원조하고 있다. 일본의 정부개발원조ODA 예산의 절반에 상당하는 막대한 액수다(일본은 세계 2위의 ODA 대국이다). 또한 미국의 유대인 단체가 이스라엘에 기부금을 보낼 때는 세금을 물지 않는다. 원래 미국의 민간단체가 타국에 원조를 할 경우 세금이 부과되지만 유대인 단체는 법망을 교묘히 빠져나가 세금을 물지 않고 기부금을 보내는 것이다.

이 모든 일들은 유대인 로비 단체(로비스트)가 미국 의회에 강한 영향력을 행사하고 있는 데서 비롯된다. 로비 단체란, 간단히 말하자면 압력을 가하는 단체로 정당이나 의원에게 기부 등의 형식으로 후원하는 대신 자신에게 유리한 정책을 펴도록 손을 쓴다. 의회 로비에서 의원들을 만나 상대하기 때문에 그러한 이름을 갖게 되었다. 미국의 총기 규제에 강경히 반대하는 것으로 곧잘 화제에 오르는 전미총기협회NRA도 로비스트 중 하나다.

미국연방의회에서는 이 로비스트들이 강한 영향력을 지니고 있는데, 특히 유대인 단체 로비스트의 힘은 강력하다. 대표적으로 미국이스라엘공공문제위원회AIPAC가 있다. 이 AIPAC은 미국퇴직

자협회AARP 다음으로 미국에서 두 번째로 강력한 영향력을 가진 단체라는 조사 결과도 있다. 즉 NRA를 웃도는 힘을 갖고 있다는 뜻이다. AIPAC의 외교 담당 부장은 《뉴요커 *The New Yorker*》와의 인터뷰에서 "24시간이 주어진다면 이 냅킨 위에 상원 의원 70명의 서명을 받을 수 있다"고 호언했다 한다. 당연한 말이겠으나 대통령 선거에도 커다란 영향력을 미친다.

요컨대 미국은 유대인 사회와 지대한 관계가 있으며, 이 유대인의 국가인 이스라엘과는 친척 관계 같은 것이라고 할 수 있겠다. 미국 입장에서 보자면 팔레스타인 문제는 자신의 친척과 자신의 최대 고객이 다투고 있는 것과 같은 구도인 것이다.

패전국 독일이 일군 기적적인 경제 성장

♟ 어떻게 독일은 전후 부흥의 기적을 이뤘을까?

냉전이 지속되는 동안, 각 진영이 공고히 유지되었던 것은 아니다. 양쪽 모두 진영 내에서의 패권 다툼이 빈번히 발생했다.

특히 자유주의 진영에서는 치열한 경제 패권 다툼이 벌어졌다. 서방 국가들 중 미국이라는 절대적인 우두머리가 경제 패권을 줄곧 견지하고 있었던 양 생각하기 쉬운데 결코 그렇지 않았다. 제2차 세계대전이 종결되는 시점에서는 미국이 세계경제를 압도적으로 독식하고 있었으나 전쟁이 끝난 후 10년도 지나지 않아 그 아성에 도전하는 국가가 출현했다. 영국도 프랑스도 아닌 바로 서독이었다.

서독의 공업 생산이 제2차 세계대전이 발발하기 전인 1936년

수준으로 회복된 것은 1949년의 일이었다. 전쟁이 끝난 지 불과 4년밖에 지나지 않은 시점이다. 일본의 공업 생산이 전쟁 전 수준으로 회복된 것은 1955년 무렵으로, 전후 10년이 지난 때다. 일본의 전후 부흥도 기적이라 일컬어지지만, 서독은 일본이 소요했던 10년의 절반이라는 기간에 부흥을 달성한 것이다.

그 후로도 서독 경제는 급성장을 이룩했다. 1950년부터 1958년 사이에 국민소득은 2.2배, 국민총생산GNP은 명목 2.2배, 실질 1.8배, 공업 생산은 2배, 수출은 4.4배 증가했다. 일본의 소득배증계획所得倍增計劃[7]이 시작된 해가 1961년인데, 서독은 10년도 더 전에 이미 국민소득이 두 배가 되었다. 그리고 1959년에는 국내총생산GDP에서 프랑스를 앞질렀으며, 1960년에는 영국을 제치고 세계 2위로 훌쩍 뛰어올랐다(물론 1위는 미국이다).

서독이 이렇게까지 급격히 경제를 회복하고, 나아가 성장할 수 있었던 까닭은 무엇일까?

흔히들 미국의 원조가 컸다라든가 서독은 군사비를 지출하지 않았으므로 그만큼 경제 발전에 쏟아부을 수 있었다고 말한다. 그러나 이는 잘못된 생각이다. 사실 미국의 원조는 그다지 큰 규모가 아니었기 때문이다.

---

7) 총리 이케다 하야토池田勇人가 1960년에 발표한 경제정책의 핵심으로, 10년 안에 국민소득을 두 배로 증가시키겠다는 것이 소득배증계획의 골자다.

미국은 마셜플랜을 통해 전후 유럽의 부흥을 지원했는데, 패전국 독일에게는 마셜플랜의 액수가 낮게 설정되어 있었다. 국민 1인당 액수로 환산하면 영국 62.9달러, 프랑스 64.5달러였던 것과 달리 서독은 절반도 안 되는 28.3달러였다. 연합국의 점령 방침에 따르면 독일 산업부흥의 지향점은 "독일 국민의 수요를 충족하는 범위"였으며, 그것도 "연합국의 생활수준 이하"라 되어 있었다.

게다가 독일 국내의 산업 자산 같은 것도 배상금으로 쓰일 수 있도록 했다. 실제로 소련은 점령 지역에서 공작기계 등을 대량으로 반출해갔다.

그리고 연합국이 점령하는 동안의 경비는 서독의 몫이었다. 이 점령 경비는 터무니없이 높았다. 서독이 지출해야 했던 점령 경비와 방위비 액수는 1949년에는 세출의 20퍼센트, 1950년에는 41퍼센트에 달했다. 1950년대 내내 점령 경비와 방위비는 세출의 20~40퍼센트 사이였다. GDP 대비 5퍼센트 전후로 다른 유럽 국가들의 군사비보다도 높은 수준이다. 서독의 점령 경비는 미국의 지원 액수를 가볍게 뛰어넘을 정도였다.

요컨대 서독은 미국으로부터 거액의 지원금을 받은 적도 없었으며 군사비 지출이 특출하게 낮지도 않았다.

⬛ 서독이 가지고 있던 잠재력

그렇다면 서독이 다시 빠르게 부흥한 요인이 무엇인가 하면 원래 독일은 잠재력이 대단히 높았다는 것이다. 제2차 세계대전이 일어나기 전까지 독일은 미국에 이은 세계 2위의 공업국이었다. 제2차 세계대전 때는 프랑스를 상대로 1개월 남짓 만에 승리를 거두었고 영국과 소련을 항복 직전까지 몰아갔다. 만일 미국의 도움이 없었다면 영국과 소련 둘 다 독일에 패배했을지도 모른다. 영국과 프랑스, 소련이라는 유럽 3강을 고작 국가 하나가 굴복시킬 수도 있을 듯한 기세를 보여주었던 만큼, 독일의 공업력에는 가늠조차 어려운 저력이 있었다. 적어도 유럽 내에서는 발군이었다.

또한 독일의 공업 설비는 전쟁으로 인해 심각하게 타격을 받지는 않았다. 연합국의 조사에 따르면 독일 산업 전체가 전쟁으로 입은 피해는 20퍼센트 정도였다고 한다. 온 나라가 지독한 공습에 시달렸고, 소련이나 미국, 영국군이 수도까지 진격해 들어왔음에도 불구하고 산업 피해는 놀라우리 만치 적었다. 공습은 대규모 인명 피해를 수반했지만 산업에 미치는 영향은 별로 없었다는 이야기다. 그러한 까닭에 전쟁이 끝난 후에도 눈 깜짝할 사이에 공업 국가로서의 지위를 회복했다.

그렇다면 독일에서 공업이 발전한 이유는 무엇일까?

독일은 유럽 열강 중 하나로는 뒤늦게 데뷔했다. 19세기 후반까지 독일은 여러 개의 주로 국가가 나뉘어 있었다. 프로이센이 보불전쟁에서 프랑스에 승리를 거두며 독일의 중심 권력을 얻었고, 1871년에야 드디어 통일이 되었다.

그리고 1888년에 즉위한 빌헬름 2세Wilhelm II가 독일의 공업화를 적극적으로 추진했다. 제국주의가 휘몰아치는 와중이라 공업화를 진행하지 않으면 타국이 독일을 집어삼킬 위험이 있었기 때문이다. 먼저 교육에 힘을 쏟아 기초 교육과 고등교육 정비를 단행했다. 이때를 시작으로 수준 높은 독일 대학들은 노벨상 수상자를 다수 배출해왔다.

게다가 독일은 지리적으로도 공업에 적합했다. 라인강의 수로와 비스마르크 시대에 정비된 철도망을 통해 공장들이 서로 유기적으로 연결되었다. 루르공업지대의 코크스 공장에서 제조되는 저렴한 타르, 네카르 계곡 등지에서 산출되는 소금, 동프로이센과 알자스에서 채굴되는 칼륨 광석, 루르 지방의 석탄, 알프스의 풍부한 수량을 활용한 수력발전 등 공업이 발전할 요소를 두루 갖추고 있었다.

그 후 독일은 미국과 더불어 세계의 공업 생산을 선도하게 된다. 1870년에 독일은 이미 세계 공업 생산의 13퍼센트나 차지하고 있었다. 참고로 영국은 32퍼센트였다. 그러던 것이 1910년이 되면 독일은 16퍼센트, 영국은 15퍼센트를 나타내며 역전이 벌어진다.

프랑스의 경우 6퍼센트에 지나지 않는다. 독일은 20세기 초에 유럽 대륙 최대의 공업 국가로 거듭났던 것이다.

이와 같은 독일의 성공은 다른 서구 국가들의 시샘을 샀다.

두 차례에 걸친 세계대전에서 독일은 두 차례 모두 패배했다. 그리고 두 차례 다 영국과 프랑스, 미국을 상대로 싸웠다. 이것은 우연이 아니다. 독일 공업의 급속한 발전은 구미의 여러 권력이 유지하던 균형을 붕괴시킬 만한 것이었다. 두 차례의 세계대전 모두 '독일에 대한 공포심'이 전쟁 발발의 요인 중 하나로 작용했다.

제1차 세계대전 후 영국과 프랑스는 독일이 부흥하지 못하도록 강화 조건으로 철저히 쓴맛을 보여줬다. 독일은 식민지를 모조리 빼앗겼으며, 인구의 10퍼센트를 잃었고, 영토의 13.5퍼센트, 농경지의 15퍼센트, 철광석 광상鑛床의 75퍼센트를 잃었다. 그 결과 독일의 철강 생산량은 전쟁이 일어나기 전의 37.5퍼센트까지 떨어졌다. 군대도 해체된 것과 진배없었고 배상금은 거의 330억 달러였다. 독일 세수의 십수 년에 해당하는 엄청난 액수였다. 이로 인해 독일은 하이퍼인플레이션을 겪었으며 산업 경제는 빈사 상태에 빠졌다.

그러나 독일 경제는 다시 부활했고, 히틀러 정권하에서 재군비에 돌입하면서 순식간에 유럽 최대의 군사 국가가 되었다. 게다가 제트기와 로켓을 앞서 개발하는 등 수준 높은 과학기술을 보유했

독일이 이룬 '기적의 경제 부흥'

Q. 독일은 어떻게
제2차 세계대전이 종결된 지
'4년' 만에 부활할 수 있었을까?

독일의 잠재력

· 1800년대부터 거국적인 공업화 추진

· 세계대전 당시의 공습이 산업에 미친
  영향은 미미

· 루르공업지역의 풍부한 자원

A. 저력 자체가 탁월했으므로,
패전으로 인한 혼란이 사그라지자
단번에 발전한 것!

다. 제2차 세계대전에서는 영국과 프랑스, 미국, 소련 4개국이 함께 힘을 모아 간신히 독일을 패배시켰다.

독일은 두 차례의 뼈아픈 패배를 맛보았으면서도, 여전히 공업국으로 발흥해나갔다. 영국, 미국, 프랑스 입장에서 보자면 '전쟁으로 두 번이나 쓰라린 패배를 겪었는데 또 부활하다니' 같은 심정일지도 모른다.

🏛 미국의 심술이 유럽연합의 싹을 틔우다

서독 경제의 급격한 성장에 가장 위기감을 느낀 것은 미국이다.

서독이 유럽의 공업 제품 점유율을 늘려 가면 필연적으로 미국의 점유율이 줄어든다. 서독에는 무역 흑자가 누적되어 막대한 외화준비(주로 달러)가 차곡차곡 쌓였다. 미국은 서독이 보유한 대량의 달러를 금으로 교환하지 못하게 하려고 갖은 수단을 다 썼다.

앞서 설명했듯이 전후 세계경제는 달러가 유일한 금태환 통화로 자리 잡았으며 국제무역의 기축통화가 되었다. 미국은 다른 국가의 요청이 있을 경우 언제든 달러와 금 교환에 응해야 한다. 이 의무를 다하고 있기 때문에 세계의 기축통화로서 인정받을 수 있었다.

서독 입장에서는 무역을 통해 발생한 흑자를 금으로 축적하고자 했다. 수중에 쌓여 있는 달러를 금으로 교환하고 싶어 했던 것이다. 그러나 미국은 서독이 달러와 금을 교환하면 금 준비고가 대폭 줄어들고 만다. 금 준비고가 감소하면 향후 금 교환에 제때 응할 수 없게 되어 기축통화로서의 지위를 잃어버릴지도 모른다. 그래서 서독에 로비를 해 무역 흑자로 미국의 무기를 사도록 하는 등 다른 방법을 써서 금 교환을 되도록 막으려고 했다.

이에 대해 서독이 내켜하지 않자 미국은 주둔군을 철병시키겠다며 으름장을 놓는다. 냉전 당시 독일은 동과 서로 분단되어 있어서, 말하자면 '냉전의 최전선'에 있었다. 만일 냉전의 양 진영이 전쟁을 벌인다면 가장 먼저 전쟁터가 될 곳은 독일이었다. 서독 입장에서 미국 주둔군이라는 존재는 의지할 수 있는 안전망과도 같았다. 미군이 사라진다면 소련이 공격해왔을 때 조금이라도 버텨낼 재간이 없을 것이다. 게다가 미국은 독일이 강력한 군대를 보유하는 것을 허용하지 않았다. 요컨대 독일은 미군의 비호를 받아야만 하는 상황이었으며, 반강제로 미국에 부지런히 상납금을 바쳐야 하는 처지였다.

1960년대, 미국의 무역 적자로 인해 금 유출이 이어졌고 달러 신용이 저하되었다. 프랑스와 스페인은 바로 지금이 기회라는 듯 미국에 달러와 금 교환을 청구해서 미국을 궁지에 몰아넣었다. 그러나 이때도 독일은 미국에 달러와 금 교환 청구를 하지 않았다. 1967년, 독일연방은행 총재인 카를 블레싱Karl Blessing이 미국연방

준비제도이사회 의장 윌리엄 마틴William Martin에게 보낸 편지에는 "독일연방은행은 달러를 금으로 교환하지 않는다"라고 적혀 있다.

물론 독일 역시 언제까지고 미국 뜻대로 움직일 마음은 없었다. 이러한 속내는 훗날 독일과 프랑스가 힘을 합쳐 유럽연합EU을 창설하는 요인으로도 작용했다.

아시아에서
등장한 강자, 일본

세계경제 무대에 일본이 등장하다

서독 다음으로 미국의 경제 패권을 위협하기에 이른 국가는 일본
이었다.

일본은 서독보다는 약간 늦었기는 했어도 1950년대에는 전쟁
이 일어나기 전 수준까지 경제 부흥을 달성했다. 그 후 수출을 급
격히 늘려가면서 국제무역 무대에서 존재감을 드러내게 된다.
1960년대에 접어들기 전까지 일본의 무역수지는 흑자와 적자 사
이를 오가고 있었으나 1964년 이후로는 반세기에 걸쳐서 흑자가
지속된다. 일본은 정치적으로는 미국을 추종하는 형태를 취하고
있었으나 경제적으로는 미국의 지위를 위협하는 존재로 성장했던
것이다.

1960년대에 일본의 최대 수출 상대국은 미국이었다. 이 무렵부터 미국은 대일 무역에서 커다란 적자를 보게 된다. 미국은 1960년대에 무역 적자에 따른 금 유출로 골머리를 앓았는데, 가장 큰 원인은 일본이었다. 1971년 미국은 대일 무역 적자가 32억 달러를 기록했다. 그해 미국의 무역수지가 32억 달러 적자였으므로 미국은 일본을 제외하면 다른 나라와의 무역으로는 손해를 보지 않았던 셈이다.

미국은 1971년에 달러와 금 태환을 정지시킨다. 이른바 닉슨쇼크로, 점차 쇠해가는 미국 경제를 보여주는 상징적인 사건이기도 하다. 다시 말해 일본에 대한 무역 적자가 미국 경제를 쇠락하게 한 요인이라고도 할 수 있겠다. 제2차 세계대전에서는 미국이 군사력으로 일본을 굴복시켰으나, 20년 후 일본은 경제력으로 미국에 커다란 타격을 안겼다.

이후 미국은 경제 면에서 깐깐한 태도로 일본을 대하게 된다. 미국과 일본 간의 무역마찰이 시작된 것이다. 게다가 이 무역마찰은 미국이 일본에 수출을 '알아서 규제하도록' 촉구하는 것이었다.

전쟁이 끝난 후 미국은 전 세계를 상대로 자유무역을 일관되게 요구해왔다. 전 세계가 자유로이 무역을 하기만 한다면, 미국 경제가 가장 강력하다는 자부심을 갖고 있었는데 미국의 자존심이 만신창이가 된 것이다.

전후 일본이 미국을 위협할 정도의 경제력을 갖출 수 있었던 것은 서독과 마찬가지로 전쟁 전부터 가지고 있었던 잠재력이 있었기 때문이었다. 흔히 일본 경제는 전후에 접어들어 급속히 성장했다고 생각하는데, 사실은 전쟁이 일어나기 전부터 초고도성장 수준이었다.

18세기 이후 세계의 경제 패권은 구미 국가들에 장악당했다. 그러나 19세기 후반, 여기에 이의를 제기하는 국가가 아시아에서 등장했으니, 바로 일본이다.

오랫동안 쇄국을 단행해온 일본은 구미의 산업혁명에는 뒤처졌으나 개국 이후 단기간에 구미 열강과 어깨를 나란히 할 정도의 경제력을 지니기에 이르렀다. 아시아에서는 그러한 국가가 일본 말고는 없었다. 더 정확히 말하자면 당시 구미 이외의 국가들 중 이렇게까지 성장한 것은 일본이 유일하다.

일본은 어째서 그와 같은 수준의 경제력을 갖출 수 있었던 것일까?

일본의 초·중등 교과서에는 "전쟁 전 일본은 부국강병을 제창하며 강한 국가를 세웠다" 같은 식으로 기술되어 있다. 그러나 생각해보라. 부국강병을 제창하는 것만으로 전쟁에 강한 국가를 세울 수 있을 리는 없다. 부국강병을 실현하려면 상당한 노력이 필요하며, 경제 발전도 빠뜨릴 수 없는 요소다. 국민경제가 발전하여 나라가 풍요로워지지 않는다면 전쟁에 강한 국가를 세울 수 없고, 청일전쟁과 러일전쟁으로 인한 전비를 조달하는 것도 불가능하다.

전쟁 전 일본은 '부국강병'이라는 정책을 내걸고 이를 단기간에 성공적으로 이룩했다. 메이지유신에서 제2차 세계대전 발발 전까지인 70년간, 일본의 실질GNP는 약 6배 증가했다. 실질임금은 약 3배, 실질광공업생산은 약 30배, 실질농업생산은 약 3배 올랐다. 이는 당시 세계경제 내에서는 '초고도 경제성장'이라 부를 만한 수준의 발전이다. 일본 경제는 전후에 급격히 성장했다고 생각하기 쉬우나, 실은 전쟁 전 경제성장 쪽이 더 굉장했던 것이다.

근대를 향한 개혁: 메이지유신의 규제 완화

전쟁 전 일본이 급격한 경제성장을 이룰 수 있었던 비결은 '규제 완화'에 있다. 에도시대까지의 일본은 전국 각지에서 약 300곳으로 나뉜 번藩들이 각자 통치하고 있었고, 번주의 지배하에 놓인 각 번의 백성들은 왕래는 물론 경제활동에 대해 강한 규제를 받았다. 신분이며 직업도 고정되어 있는 숨 막히는 규제 사회였다.

그러나 메이지 신정부는 봉건제적인 규제를 빠른 속도로 잇달아 철폐했다. 1877년(메이지 10년) 무렵에는 봉건적인 규제 대부분이 사라졌다. '봉건'에서 '근대'로 향하는 개혁을 고작 10년도 안 되는 기간 동안에 이룩한 것이다. 이는 세계사적으로도 사례가 없는 일이다.

근대 이전의 전 세계 국가에는 대체로 어느 국가든 강고한 신분제도가 존재했으며 각 산업 및 직업에 다양한 규제가 가해지고 있었다. 구미 국가들도 이러한 규제들을 오랜 시간을 들여 폐지해 나갔으며, 단계적으로 봉건국가에서 근대국가로 재탄생했다.

그러나 메이지 일본의 경우 아주 짧은 기간 동안 규제를 완화하는 데에 성공했다. 그것도 대부분은 큰 장애나 저항 없이 순조롭게 사회에 받아들여졌다. 메이지 정부가 보여준 뛰어난 수완은 지금 다시 보아도 '훌륭하다'라는 표현 말고는 달리 덧붙일 말이 없다.

메이지유신을 두고 정권 담당자가 막부에서 메이지 정부로 바뀐 것뿐이며, 주권은 국민에게 있지 않았고, 국민은 자유를 획득한 것이 아니라는 평가를 하기도 한다. 그러나 이는 '법률상 주권이 국민에게는 있지 않았다'는 지극히 표면적인 요소를 붙들고 늘어지는 데 불과하다. 메이지유신을 통해 국민이 처한 상황은 실생활 면에서 크게 변했으며, 에도시대와 비교했을 때 국민은 차원이 다른 자유를 손에 넣었다.

메이지 신정부가 채택한 대표적인 자유화 정책은 다음 네 가지다.

- 직업 선택의 자유.
- 교통의 자유.

- 거주의 자유.
- 토지 매매의 자유.

직업 선택의 자유, 교통의 자유, 거주의 자유는 1871년의 호적 법 등에 따라, 토지 매매의 자유는 1872년의 지권도방규칙地券渡方規則 등에 따라 확립되었다.

현대를 살아가는 우리에게는 지극히 당연한 것으로, 이 정도쯤은 별 대수롭지 않다 여길 수도 있겠다. 그러나 당시 사회에서 이는 엄청난 개혁이었다. 에도시대까지의 일본은 직업 선택의 자유, 교통의 자유, 토지 매매의 자유가 없었다. 원칙적으로 태어난 지역에서 평생 벗어날 수 없었으며 가족의 생업을 이어받아야 했다. 농민으로 태어났다면 태어난 지역에서 평생 농민으로 살아가야만 한다. 지정된 작물 외에는 다른 농사를 지을 수도 없었다.

봉건제도라 함은 의무와 규제로 유지되는 사회를 뜻한다. 사회를 유지하려면 이런 규제들이 필요했다. 만일 농민에게 직업을 선택할 자유나 거주의 자유를 허용한다면 전답을 버리고서 어딘가로 가버릴지도 모른다. 그렇게 되면 막부와 번은 연공年貢 수입을 얻을 수가 없으며, 이내 궁핍해지고 만다. 막부와 번을 유지하기 위해서는 백성을 토지에 속박시키고, 직업도 고정시킬 수밖에 없었다. 그와 같은 규제를 250년 이상이나 이어갔기 때문에 막부와 번이 존속할 수 있었던 것이다.

그러나 메이지 신정부는 이 규제들을 깡그리 철폐해버렸다. 메이지 신정부 입장에서도 정부를 발족한 처음에는 에도막부의 재정을 이어받았고, 주된 재원은 연공 수입이었다. 따라서 규제를 철폐하면 연공 수입이 격감할 우려도 있었다. 그럼에도 메이지 신정부는 규제 완화를 단행했으며, 결과적으로 기적적인 경제성장이라는 결실을 맺었다.

☰ 전쟁 전 일본은 이미 수출 대국

전쟁이 일어나기 전 일본은 수출대국이기도 했다. 막부 말기에 외국에 개국한 이후, 견직물의 원료인 생사는 일본의 주력 수출품이었다. 사실 일본은 막부 말기부터 유신기에 걸친 시기에 이미 생사 생산으로는 세계 최고 수준에 있었다.

일본이 개국한 안세이安政 6년, 그러니까 1859년 6월 5일로부터 불과 한 달이 지난 후, 운조쇼運上所(세관의 전신)가 생사 수출을 제한했다는 기록이 있다. 개국 직후에 생사 수출이 너무 급격히 증가했기 때문에 막부가 일본 내에 생사가 부족한 상황을 우려한 것이다. 일본의 생사는 그만큼 여러 외국으로 팔려나갔다.

일본의 생사가 그토록 인기를 끌었던 것은 가격과 품질 면에서 구미의 생사보다 뛰어났기 때문이다. 에도시대, 일본의 각 번이 양잠을 장려하여 양잠 기술은 현저히 향상되었다. 에도시대 말기에는 난방을 통해 양잠 일수를 단축하는 방법이 개발되었으며 또한 양잠 기술서도 다수 출판되었다. 1702년에는 일본 최초의 양잠 기술서인 《잠사양법기蠶飼養法記》가 씌어졌으며, 에도시대 동안 100권 가까이 되는 양잠 기술서가 출판되었다. 그중에는 1,000부 이상 인쇄되었던 책도 있다고 한다. 당시의 출판 기술을 고려하면 이는 경이로운 수준이다.

에도시대에 출판된 양잠 기술서 중에 《양잠비록養蠶祕錄》이라는 책이 있다. 독일의 의사였던 필리프 프란츠 폰 지볼트Philipp Franz von Siebold가 일본에서 이 책을 가지고 고향으로 돌아갔고, 1848년에는 프랑스어로 번역·출간된다. 일본 양잠 기술의 수준이 그만큼 높았음을 알 수 있는 지점이다. 서양에서는 산업혁명을 통해 기계를 사용하는 제사製絲 기술이 발명되었는데, 일본은 서양의 기술이 들어오기 전에 이미 간단한 기계를 써서 실을 뽑고 있었다. 이 생사 덕분에 메이지 일본은 근대국가 건설을 위한 자금을 벌어들일 수 있었다.

게다가 근대화로 인해 원료인 생사만이 아니라 공업 제품도 수출할 수 있게 되었다. 대표적인 것이 면제품이다. 메이지유신 후, 일본 산업계는 생사 자체를 파는 것보다도 견직물이나 면직물을 만들어 파는 쪽이 더 크게 남는다는 사실을 깨닫고 점차 방적업을 발전시켜나갔다.

일본 방적 회사의 선구자였던 오사카방적大阪紡績은 시부사와 에이치渋沢栄一의 기획을 바탕으로 창설되었다. 오사카방적은 주식을 통해 막대한 자금을 끌어모았고, 세계 최대급의 방적기를 도입한 대규모 공장을 건설하고는 전력을 이용해 24시간 조업을 개시했다. 이제 막 시장에 나오기 시작한 전등을 공장에 대대적으로 도입한 것이다. 당시 본격적으로 전등 설비를 갖추고 있던 데는 오사카방적 정도에 불과했고, 화족華族이 국제적인 사교 파티를 주최하면서 오사카방적으로부터 전등을 빌렸다는 일화도 있다. 오사카방적은 대성공을 거두었고, 이를 모방한 기업들이 하나둘씩 생겨났다.

또한 일본은 직물 기계 면에서도 세계 최첨단을 달렸다. 도요타의 창업자인 도요타 사키치豊田佐吉가 만든 자동 직조 기계는 작업 효율을 비약적으로 향상시켰다. 막부 말기에 엔슈遠州(지금의 시즈오카현)의 목공 집안에서 태어난 도요타 사키치는 단순히 기계를 좋아하는 데서 그치지 않고 새로운 기계들을 발명하면서 실업가가 되었다. 1896년에는 일본 최초의 동력 기계를 발명하는 등 수많은 특허를 취득했다.

이 직조 기계는 재료가 되는 실이 다 떨어졌을 때 자동으로 보충하는 기능이 있었다. 영국에서도 발명되기는 했으나, 조작이 복잡한 데다 고장이 잦아 그다지 실용적이지는 않았다. 그러나 도요타 사키치가 만든 기계는 조작이 간단했고 고장이 적어서 작업 능률을 비약적으로 높였다. 세계적으로도 높은 평가를 받아 영국의 회사인 플랫Platt Brothers이 특허권을 구입했을 정도였다.

도요타의 자동 기계는 일본뿐 아니라 중국과 인도로도 수출되었다. '메이드 인 재팬' 기계 수출의 시작이었다고 할 수 있겠다. 일본의 공업은 이렇게 개척의 길을 걸어갔다.

섬유제품을 둘러싼 영국과의 무역 마찰

이처럼 일본 경제는 전쟁 전에 급성장을 이루었으나 일본이 경제 대국으로 거듭나자 다른 경제 대국과의 알력이 발생하게 된다. 이 알력이 이윽고 경제 전쟁이라는 상황으로 발전했고, 급기야는 진짜 전쟁으로 이어졌다. 그것이 태평양전쟁이며 제2차 세계대전이었던 것이다.

일본이 최초로 심각한 경제 대립을 일으킨 상대는 영국이다. 전쟁 전의 일본과 영국은 한때 동맹을 맺는 등 밀월 관계이던 시기도 있었다. 그러나 일본의 산업이 성장함과 더불어 점차 관계가 악화되어갔다.

그 과정을 살펴보면 이렇다. 전쟁 전 일본의 주된 수출품은 섬유제품이었는데, 영국 또한 중요 수출품이 섬유제품이었다. 영국은 면공업에서 시작한 산업혁명으로 세계경제를 이끌었다. 세계 최초로 면공업 동력화에 성공한 국가이기도 하다.

20세기 초까지 면제품은 전 세계에서 가장 활발히 거래되는 무역 품목이었다. 세계무역에서 면제품 같은 섬유제품이 차지하는 비율은 20퍼센트나 되었다. 영국의 면제품 무역 점유율은 단연 최고였다. 그것이 영국 경제력의 원천이자 나아가서는 7대양을 지배하는 대영제국의 원동력이기도 했다.

그런데 세계대공황을 계기로 일본이 영국을 맹렬히 추격한 것이다.

세계대공황이 터지기 전인 1928년, 일본의 면제품 점유율은 영국 제품의 37퍼센트였으나 1932년에는 92퍼센트, 다시 그 이듬해에는 드디어 영국을 제쳤다. 게다가 일본의 수출 상대는 인도와 동남아시아, 오스트레일리아 같은 구미의 식민지들이었다. 일본은 이들과의 무역을 통해 수출을 대폭 늘렸다. 특히 영국 식민지였던 인도에서는 일본 제품이 순식간에 시장을 점유했다.

영국 입장에서는 달가울 리가 없다. 수출품의 핵심 품목을 빼앗긴 데다가 영국 식민지의 시장까지 침범당했으니 말이다. 영국은 일본 제품을 배척하기 위해 식민지였던 인도와 오스트레일리아 등지에서 수입 규제를 실시하기 시작했다. 이른바 '블록경제'는 이렇게 시작되었다. 영국뿐 아니라 미국, 프랑스 같은 선진국들도 자국 제품을 보호하기 위해 높은 관세를 매기는 등, 전 세계가 블록경제로 변모하고 말았다. 이것이 제2차 세계대전이 발발하게 된 커다란 요인으로도 작용했다.

▤ 미국과 일본이 맺은 밀약

흔히 "일본은 전쟁으로 황폐해졌으나 전후 급속히 부흥했다"고 말한다. 실제로 많은 대도시들이 공습을 당해 마치 불에 탄 듯 여기저기 황폐해졌다. 그러한 까닭에 일본 경제는 제로에서 출발했다는 이미지가 있다. 하지만 경제 관점에서 보자면 일본은 전쟁으로 인해 대부분의 생산 능력을 상실한 것은 아니었다. 이를테면 산업의 바로미터라고도 불리는 강재鋼材 생산 설비는 피해를 거의 입지 않았고, 패전했을 때도 전쟁 전 수준과 비슷한 약 100만 톤의 생산 능력이 있었다.

앞서 설명했듯이 연합국에 국토를 점령당하고 수도까지 함락된 독일도 사실 공업 생산능력은 그렇게까지 타격을 받지는 않았다. 일본도 마찬가지로 세간의 이미지만큼 산업에서 타격이 크지 않았다. 그러했기에 패전에 따른 혼란이 가라앉자 자연스럽게 영국과 무역 마찰을 일으킬 만큼 생산능력이 부활했다.

일본 산업이 가장 먼저 부활시킨 것은 역시 섬유제품이었다. 전쟁 전부터 섬유 분야에서 강한 경쟁력을 갖추고 있었고 전후 일본은 그때보다 더 강력한 수출력을 보유했다. 일본은 원래 면제품과 견제품 분야에 뛰어났는데, 전후 발달한 화학섬유 분야에서도 세계를 이끄는 존재가 되었다.

또한 전쟁이 끝난 후에도 한동안 일본은 구미와 비교했을 때 인건비가 상당히 낮았다. 그런 데다 달러와 엔화의 교환 비율이 달러당 360엔으로 고정되어 있었다. 이 비율은 일본이 전화를 입었을 때의 경제력을 기준으로 설정된 것으로, 엔화의 본래 가치보다도 꽤나 낮았다. 이런 이유로 일본 제품은 구미의 제품보다도 훨씬 더 저렴했으며, 강한 경쟁력을 지녔던 것이다. 이외에도 트랜스지터 같은 전화電化 제품들도 맹렬한 기세로 수출되었다. 그 결과, 1960년대부터 미국은 일본과의 무역에서 거액의 적자를 보게 되었다.

1969년 11월, 일본의 사토佐藤榮作 총리와 미국의 닉슨Richard Nixon 대통령이 회담을 가졌을 때, 모종의 밀약이 체결되었다. 밀약의 내용은 다음 두 가지다.

- 미국이 오키나와를 일본에 반환한 후, 필요할 경우 일본과 협의를 거쳐 오키나와에 핵무기를 배치할 것.
- 일본은 섬유제품 수출을 일정 수준 이하로 유지할 것.[8]

---

8) 孫崎享, 《戰後史の正体》, 創元社, 2012. —원주

즉 미국은 유사시 오키나와에 핵무기를 배치하는 것만큼 중요한 사항으로 일본에 섬유제품 수출을 자제하라는 약속을 요구한 것이다. 이 약속이 비밀리에 이루어진 것은 미국과 일본 둘 다 수많은 관계자들이 있는 만큼 공공연하게 약속을 했다가는 갖가지 지장이 생기기 때문이다. 이와 더불어 미국 입장에서는 지금까지 자유무역을 만천하에 표방해왔다 보니, 수출을 자제해달라는 요구를 너무 대놓고 할 수는 없었던 것도 있었다.

1970년대 이후 일본은 섬유제품에 더하여 전화, 자동차 등도 수출 공세에 들어갔다. 마침내 미국은 일본에 대해 노골적으로 당당하게 "수출을 억제해달라"라는 요구를 하기에 이른다. 일본과의 무역 적자가 너무나 커져버린 나머지, 체면 따위를 신경 쓰고 있을 수는 없었던 것이다. 이 무렵부터 일본은 독일을 대신하여 미국의 경제 패권을 위협하는 존재가 되어갔다.

07

석유 이권 투쟁:
아랍 사회의 반란

🦐 무기와 석유로 이어진 미국과 이란의 밀월 관계

제2차 세계대전이 끝난 후 미국이 중동에 강한 영향력을 행사할
수 있게 된 것은 사우디아라비아에 버금가는 산유국인 이란과의
관계 덕분이었다.

전후 이란의 통치자는 팔레비 국왕 무함마드 레자 팔레비Mo-
hammad Reza Shah Pahlevi로, 미국 입장에서는 자국에 가장 충실한 아
랍 지역의 국왕이었다. 팔레비 국왕이 처음부터 미국 편향적이었
던 것은 아니고 그 변화에는 석유가 결정적인 역할을 했다.

제2차 세계대전 직후 이란은 세계에서 다섯 손가락 안에 드는
석유 산출국이었으나 이에 대한 권익의 상당 부분을 영국에 빼앗
겼다. 이란이 영국 석유 기업인 '앵글로-이란석유회사Anglo-Iranian

Oil Company'로부터 받은 유전 이용료는 앵글로-이란석유회사가 영국 정부에 지불하는 세금보다도 낮았다. 이란은 산유국이었지만 유아 사망률이 50퍼센트도 더 넘는 빈곤국 상태에 머물렀다.

1951년, 국민의 불만을 배경으로 하여 이란의 민족주의 운동 지휘자인 무함마드 모사데크Mohammad Mossadegh가 팔라비 국왕으로부터 정권을 탈취했다. 무함마드 모사데크는 앵글로-이란석유회사의 국유화를 발표했으며, 심지어 회사에 보상금을 지불하지도 않았다. 처음부터 이란에는 그럴 돈이 없었다.

영국과 미국은 이란의 혁명에 반발하여 이란에 대한 경제원조를 중단했다. 이에 모사데크가 소련에 지원을 요청하려고 하자 미국이 격노했다. 미국은 정권을 빼앗긴 팔레비 국왕과 접촉하여 군사적으로 지원했고 그 결과 1953년 8월에는 팔레비 국왕이 권좌로 복귀한다.

그때까지 이란의 석유는 영국이 독점한 상태였으나 1953년 이후로는 미국 기업에 40퍼센트, 영국 기업에 40퍼센트, 프랑스와 네덜란드 등이 남은 20퍼센트를 가져가는 형태로 배분되었다. 그리고 팔레비 국왕은 미국으로부터 거액의 무기를 구입하고, 미국 CIA의 지원을 받아 사바크SAVAK라는 비밀경찰 조직을 창설하여 공산주의자와 종교지도자들을 단속했다.

이렇게 해서 미국은 중동의 1위 산유국인 사우디아라비아, 2위국인 이란을 자국의 세력하에 둘 수 있게 되었다.

🎵 이집트의 반란: 수에즈운하 국유화

1950년대가 되자 서방 진영에 가담한 것처럼 보였던 아랍 국가들이 서방의 지배에 저항하기 시작한다. 스타트를 끊은 국가는 이집트였다.

이집트는 파루크 1세Fārūk I를 국왕으로 하는 입헌군주제를 채택하고 있었으나 실질적으로는 영국의 괴뢰정권이었다. 그래서 국민들 사이에서는 국왕과 정부에 대한 불만이 만연해 있었다. 1952년, 가말 압델 나세르Gamal Abdel Nasser 대위를 리더로 하는 자유장교단이 이집트군의 지지를 얻어 쿠데타를 일으켰다. 자유장교단은 이집트의 젊은 장교들이 만든 정치 집단으로 이들이 일으킨 쿠데타는 무혈에 가까운 상태로 성공을 거둔다.

정권을 장악한 자유장교단은 대대적인 토지개혁에 착수한다. 이집트는 일부의 귀족과 부유층이 국토의 대부분을 소유한 지독한 차별 사회였다. 자유장교단은 개인의 토지 소유를 200에이커로 제한했고, 대지주 1,700명의 토지를 강제로 매수했다. 그렇게 매수한 토지는 5에이커씩 소작인들에게 분배했다.

나아가 신정부는 이집트의 공업화를 추진하기 위해 나일강에 수력발전용 댐을 건설할 것을 계획했다. 이 댐은 이집트 아스완에 지은 아스완하이댐Aswan High Dam으로 이집트 전역에 전력을 공급하며 600만 에이커의 농지를 800만 에이커로 넓히겠다는 대대적인 목표를 가지고 있었다.

그러나 이 공사를 위해서는 수억 달러나 되는 비용이 필요했다. 아스완하이댐은 당시 세계적으로도 상당히 규모가 큰 토목공사였다. 댐 건설에 드는 추정 비용만 10억 달러, 그중 4억 달러는 외화로 지불해야 했다. 이집트 정부는 세계은행에서 2억 달러 융자를 받았고, 남은 2억 달러는 미국과 영국으로부터 융자를 받고자 했다.

미국은 일단 수락은 했으나 더 이상 소련의 무기를 구입하지 말라는 조건을 달았고, 그러면서도 필요한 액수의 3분의 1밖에 확약하지 않았다. 그리고 1956년 7월에는 이 융자를 갑자기 중단했다. 이에 분노한 나세르 대통령은 곧바로 수에즈운하를 국유화하고 그 수익을 아스완하이댐 건설 비용으로 충당한다고 발표했다.

수에즈운하는 지중해와 이집트 수에즈만을 굴삭하여 만든 운하다. 그때까지만 해도 뱃길을 통해 유럽에서 아시아로 가려면 아프리카 대륙을 빙 돌아야만 했으나, 수에즈운하가 개통됨에 따라 지중해에서 직접 아시아로 향할 수 있게 되었다. 유럽과 아시아 사이의 뱃길이 6,000킬로미터 이상이나 단축된 것이다.

수에즈운하는 이집트 정부로부터 사용권을 취득한 프랑스 기업이 대규모 공사를 벌인 끝에 개통된 것이었으며, 최대 주주는 영국 정부였다. 즉 수에즈운하는 영국과 프랑스가 공동으로 경영하고 있는 셈이었다. 이집트 입장에서는 구미에 의한 경제 침공의 상징이기도 했다. 영국과 프랑스는 제2차 세계대전에서 타격을 입었다고는 하나, 기본적으로 강대국이다. 경제력과 군사력 면에서 이집트가 싸워 이길 만한 상대가 아니다. 그러한 두 국가가 운영하는 수에즈운하를 국유화하겠다고 나선 것이다.

나세르 대통령의 발표와 거의 동시에 이집트군은 수에즈운하 사무소를 압수했다. 국유화라고는 해도 이집트 정부가 임의로 몰수하지는 않았고, 먼저 영국과 프랑스에 대가를 지불했다. 그럼에도 매년 3500만 파운드라는 수익이 이집트 국고에 들어가게 되었다.

수에즈운하를 국유화하는 과정에서 이집트가 운하를 운영하던 프랑스 기업에 보상금을 치렀기 때문에 국제적인 문제는 발생하지 않았지만 영국과 프랑스는 부아가 치밀어 견딜 수가 없었다. 그래서 두 국가는 원수지간이나 다름없던 이스라엘과 결탁하여 다음과 같은 흉계를 꾸민다.

먼저 이스라엘이 이집트의 시나이반도를 침공하게 한다. 이스라엘과 이집트가 전투 상태에 돌입하고 나면 수에즈운하의 안전 운항을 담보한다는 명목으로 영국과 프랑스가 수에즈운하에 군대를 파견한다. 그런 다음 영국군과 프랑스군은 수에즈운하를 통째로 점거해버린다. 정리하자면 영국과 프랑스는 중립적인 입장인 양 가장한 뒤 이스라엘에 유리한 조건으로 전투를 마무리한다는 속셈이었다.

그러나 이 밀약은 허무하리 만치 쉽게 노출되고 말았다. 전투 상황을 잘못 짚은 영국과 프랑스가 어처구니없는 실수를 저지른 것이다.

이스라엘은 10월 29일에 이집트 시나이반도 침공을 개시했다. 이튿날 영국과 프랑스는 공동으로 "전투 행위를 즉각 중지하고, 이집트군과 이스라엘군은 수에즈운하에서 16킬로미터 떨어진 지점까지 물러나라"라는 성명을 냈다. 그러나 이 시점에서 이스라엘군은 아직 수에즈운하로부터 80킬로미터나 떨어진 지점까지밖에 공격하지 못한 상태였다. 영국과 프랑스는 이스라엘이 삽시간에 수에즈운하까지 공격해 들어가리라 예측했기 때문에 예정대로 발표를 해버린 것이다. 이 기막힌 실수를 통해 영국과 프랑스, 이스라엘이 사전에 공모했다는 사실이 밝혀지게 되었으며, 이집트 국민의 분노와 전 세계의 빈축을 사기에 이르렀다.

또한 이스라엘의 침공 자체가 시기적으로 대단히 좋지 않았다. 불과 엿새 전에 헝가리 부다페스트에서 혁명이 발생했기 때문이다. 공산주의 정권에 반대하는 전국 규모의 시위가 일어났고, 정권이 붕괴되었으며, 자유주의 정권이 탄생했다. 이에 소련은 즉시 헝가리에 군대를 보내 혁명 진영을 진압했다. 이것이 훗날 '헝가리 혁명'이라 불리게 된 사건이다.

이 헝가리 혁명은 미국 입장에서는 공산주의 진영을 약화시킬 절호의 기회였다. 소련의 군사 개입을 저지하고 헝가리를 자유화할 수 있다면 자유주의 진영으로서는 이처럼 마음 든든할 일이 없다.

그러나 영국과 프랑스, 이스라엘이 이집트를 침공하여 국제적인 비난이 쏟아지자, 미국이 소련을 비난할 수 있는 상황으로 이어지지 못했다. 이집트가 공산주의 진영에 가담할 것을 우려한 미국은 영국과 프랑스, 이스라엘에 전투를 중지하라는 압력을 가했다. 미국은 영국과 프랑스에 북대서양조약기구NATO에서 추방할 수도 있음을 내비쳤고, 결국 두 나라는 뜻을 접었다.

시나이반도를 침공한 이스라엘군, 수에즈운하에 주둔한 영국군과 프랑스군은 모두 철수했으며 마침내 이집트는 수에즈운하 국유화를 달성한다. 이 성공을 통해 이집트의 나세르 대통령은 아랍 세계의 리더와도 같은 존재가 되었다.

🫛 아랍의 석유로 미국이 돈을 번다?

이집트 수에즈운하의 국유화는 아랍 국가들에게 용기를 불어넣어 주었다. 오스만튀르크가 해체된 이래 자신감을 상실했던 아랍 국가들은 방법의 문제일 뿐, 구미 국가들에 대항하는 일이 전혀 불가능한 일은 아니라는 사실을 깨달았다.

이집트에 이어 산유국들이 구미에 대한 반항의 깃발을 내걸었다.

제2차 세계대전이 끝난 후 산유국들은 당초 이렇다 할 불만을 갖고 있지는 않았다. 여기에는 그럴 만한 이유가 있었는데, 아무것도 하지 않아도 상당히 큰돈이 들어왔기 때문이다.

석유 채굴은 먼저 거액의 투자를 필요로 한다. 정제 시설 건설, 파이프라인 부설, 유조선 준비 등이 필요하기 때문이다. 당시 아랍 국가들에는 이러한 과제들을 자력으로 해결할 기술력도 경제력도 없었다. 그래서 구미의 석유 기업들에 권리를 팔고 이권료만 받았다. 구미의 석유 회사들은 당사국에 광구鑛區 이권료를 지불하고, 남은 수익을 챙겼다.

그런데 아랍 국가들은 얼마 지나지 않아 이 석유 회사가 거둬들이는 수익이 막대한 수준이라는 사실을 깨닫기 시작했다. 석유 사업에는 거액의 초기 투자가 필요하지만 그 후에는 투자한 액수의 몇 배나 되는 돈이 들어온다. 이를 목도한 아랍 국가들은 불만을 품게 된다. '우리 땅의 자원을 써서 왜 다른 나라의 기업이 큰돈을 벌어들이는가?'라는 불만 말이다.

사우디아라비아의 석유를 독점했던 미국 기업인 아람코Arabian American Oil Company는, 1949년에는 사우디아라비아 정부에 지불할 광구 이권료의 세 배나 되는 수익을 거두었다. 그리고 아람코가 미국 정부에 낸 세금은 사우디아라비아 정부가 수령한 금액보다도 400만 달러나 더 많았다. 요컨대 유전 소유자인 사우디아라비아는 석유 기업이 모국인 미국에 내는 세금보다도 더 적은 금액밖에 받지 못한 것이다. 사우디아라비아의 유전으로 벌어들인 돈 중에 사우디아라비아 정부보다도 미국 정부가 챙기는 몫이 더 많았다.

광구료는 초기 단계에 결정되며 이에 관한 계약 또한 함께 체결되기 때문에 변경이 어렵다. 물론 도중에 변경한 전례가 있기는 하다. 1943년, 베네수엘라가 석유 회사와 교섭을 벌여서 정해진 광구료를 받는 것이 아니라 석유 수익을 5대5 비율로 분배하는 것으로 변경한 바 있다.

사우디아라비아도 이를 본떠서 1950년 석유 수익을 5대5로 분배할 것을 요구했고, 받아들여졌다. 이를 지켜본 다른 아랍 국가들도 마찬가지로 교섭에 성공했다.

다만 구미의 석유 기업들은 이 이상의 변경에는 여간해선 응하지 않았다. 게다가 이들은 산유량과 석유 가격 등 석유 생산에 관한 모든 면에서 결정권을 갖고 있었다. 산유국들은 여기에 참견하거나 관여할 수 없었다. 이런 이유로 수익의 50퍼센트는 얻을 수 있었어도 수익 자체를 통제하지는 못했다. 석유 회사가 내미는 수익을 그저 묵묵히 받아들 뿐이었다.

여기에는 아랍 국가들에 기술자가 부족했거니와 석유에 관한 지식에 정통한 사람이 없었던 까닭도 있다. 아랍 국가들도 언제까지나 수수방관할 수만은 없었다. 먼저 어린 학생들을 서구 국가로 유학을 보내 전문 지식을 습득하게 했다. 1960년대에 접어들자 이 젊은이들이 고국으로 돌아와 활약하기 시작했다. 그리하여 아랍의 석유 기술자들 사이에서는 '아랍 국가들이 합심하여 구미의 석유 기업에게 압력을 가해 석유 생산 주도권을 장악해야 한다'는 생각을 품는 이들이 나타나게 된 것이다.

그런데 이 무렵 아랍 산유국들을 격노하게 만드는 일이 벌어졌다. 1959년, 아랍에서 채유하던 대형 기업 브리티시페트롤륨British Petroleum이 석유 가격을 10퍼센트 인하한다고 발표했다. 당시 시장에서 소련제 석유 등이 남아도는 상황이었기 때문이었다. 하지만 정작 아랍 산유국들은 이 발표 내용을 사전에 전달받지 못했다.

석유 가격이 10퍼센트 내려가면 산유국 재정에 커다란 영향을 미친다. 그만큼 중요한 사항을 미리 알지도 못한 상태에서 기업이 일방적으로 정해버린 것이다. 산유국들은 당연히 분노했다.

더구나 1960년에는 미국의 기업인 스탠더드오일Standard Oil Co.이 석유 가격을 7퍼센트 인하하겠다고 발표했다. 아랍 산유국들 입장에서는 아닌 밤중에 홍두깨 격이었다.

아랍 산유국들은 끝내 참지 못했고, 공동으로 구미의 석유 자본에 대항할 조직을 창설했다. 이것이 바로 석유수출국기구OPEC로 이란, 이라크, 쿠웨이트, 사우디아라비아, 베네수엘라가 결성한 국제적인 석유 카르텔 조직이다. OPEC은 5대5로 동결되어 있던 석유 수익의 분배율을 '산유국이 6, 석유 회사가 4'로 변경하는 것과 각국이 국영 석유 회사를 세워 자국의 석유에 대해 주도권을 장악할 것을 목표로 했다.

그러나 5대5 수익 분배에서 탈피하는 것은 좀처럼 진전될 기미를 보이지 않았다. 구미 기업들은 각국의 정부를 등에 업고 있었으므로 OPEC의 요구를 순순히 받아들이지 않았다. 이 어려운 목표를 처음으로 달성한 사람은 리비아의 무아마르 카다피 대위 Muammar Gaddafi였다.

리비아는 1943년까지 이탈리아의 식민지였던 국가다. 이탈리아가 제2차 세계대전에서 패배하면서 리비아는 영국과 프랑스의 공동 통치를 받았다. 1951년에 겨우 독립했으나, 제2차 세계대전에서 영국 쪽에 협력했던 종교 지도자인 이드리스 1세Idris I가 국왕 자리에 올랐다. 즉 이드리스 1세의 정부는 괴뢰정권에 가까운 것이었고, 친영국에 구미 편이라는 이유로 리비아 내에서의 불만이 높아졌다. 1969년 카다피 대위가 군 사령관으로 쿠데타를 감행하여 정권을 무혈 탈취했다.

리비아에서는 1959년에 대규모 유전이 발견되었다. 1965년에는 소련을 제치고 세계 6위의 산유국에 올랐으며 1969년에는 산유량이 사우디아라비아 수준에 필적했다. 카다피는 이 석유 자원을 무기로 삼아 최대한 이용했다. 정권을 탈취한 직후인 1970년, 리비아를 상대로 채유권을 갖고 있었던 구미의 석유 회사에 석유 가격의 20퍼센트 인상 및 대폭적인 생산 삭감을 요구한 것이다.

처음에는 이에 저항했던 석유 회사도 산유국인 리비아의 요구를 거스를 수는 없었으므로 석유 가격의 15퍼센트 인상과 그때까지 5대5로 나누었던 수익 분배를 리비아가 55퍼센트, 석유회사가 45퍼센트 가져가는 데 동의했다. 이때 비로소 수익 5대5라는 벽이 무너졌다.

카다피는 공격의 수위를 낮추지 않았다. 1971년 산유국인 알제리와 손을 잡고 석유 가격을 1배럴당 90센트 인상하는 데 성공했다. 당시 석유 가격은 1배럴당 2.5달러 정도였으므로 인상폭은 30퍼센트 이상인 셈이다.

리비아의 성공을 지켜본 다른 산유국들도 그 뒤를 따르게 된다. 요컨대 카다피 대위로 인해 그간 구미 기업들에 의해 이루어져왔던 아랍 석유 지배에 구멍이 뚫린 것이다.

🥚 석유를 무기로 이스라엘을 공격하다

1970년, 아랍의 영웅적 존재였던 이집트의 나세르 대통령이 서거한다. 나세르 대통령과 같이 자유장교단의 일원이었던 안와르 사다트Muhammad Anwar Sadat가 그 뒤를 이었다. 사다트 대통령은 리비아 카다피의 성공을 보고 아랍 국가들의 더욱 가열찬 반격을 계획한다. '석유의 힘을 이용하여 이스라엘을 격멸하자'라고 생각한 것이다.

당시 이스라엘 문제는 아랍 공통의 고민거리였다. 팔레스타인 일부를 점거한 유대인들은 제2차 세계대전 후에 일방적으로 이스라엘 건국을 선언했다. 아랍 국가들이 영토 회복을 위해 이스라엘과 전쟁을 벌였으나 무참히 패했고 도리어 영토를 잃고 만다.

이 지점에서 사다트 대통령이 떠올린 것은 이집트가 이스라엘을 공격하고 동시에 아랍의 산유국들이 공동으로 전 세계에 압력을 가한다는 계획이었다. 즉 이스라엘 쪽에 가담한 서방 국가들에 석유 수출을 제한 또는 중단한다는 이야기다.

당시 아랍 국가들에 대한 세계경제의 석유 의존도는 최고조에 달해 있었다. 미국이 아랍에서 들여오는 석유 수입 비율은 28퍼센트, 일본은 44퍼센트, 유럽 국가들이 70~75퍼센트였다. 게다가 사우디아라비아는 석유 수출량에서 세계 1위였다.

1973년 10월 6일, 이집트군과 시리아군이 이스라엘에 대한 공격을 개시했다. 이집트군과 시리아군은 유대인들이 방심할 날을 사전에 연구하여 속죄일⁹⁾을 공격 날짜로 결정했다.

1967년에도 이집트와 이스라엘은 교전을 벌였고, 당시 이집트는 호된 패배를 맛보았다. 그때의 기억이 있기 때문에 이스라엘 쪽은 설마 이집트가 공격해오리라고는 생각하고 있지 않았다. 이집트는 한낱 국지전 수준의 병력이 아니라 이집트의 모든 병력을 총동원해 공격을 개시했다. 이 기습 작전에는 제 아무리 이스라엘이라 하더라도 열세에 몰릴 수밖에 없었다.

그로부터 일주일 후, 소련이 이집트군과 시리아군에 무기 공급을 개시했다. 그러자 미국이 이스라엘에 무기를 공급하기 시작하여 전선은 교착 상태에 빠졌다.

그 직후, 1973년 10월 16일 아랍 산유국의 석유 담당 장관들이 쿠웨이트에 집결했다. 그리고 석유 가격의 17퍼센트 인상을 결정했다. 구미의 석유 회사들에게는 상담은커녕 사전 통지조차 하지 않았다. 입장이 완전히 역전되어 산유국이 우위에 선 것이다.

그다음 날, 아랍 국가들은 한층 더 과감한 발표를 단행한다.

• 이스라엘군이 1967년에 점령한 지역에서 철수하기 전까지

---

9) 이스라엘에서 가장 중요한 종교 축제일로 독실한 유대인들은 이날 아무것도 하지 않으면서 예배와 기도, 묵상만 한다.

매월 5퍼센트씩 석유 생산량을 삭감한다.

• 수출 삭감은 이스라엘에 물질적, 도의적으로 가담한 국가만
을 대상으로 한다. 이스라엘에 가담한 국가에는 머지않아
전면적인 석유 금수 조치를 취한다.

이 같은 발표에 전 세계 국가들이 충격을 받았다.

그러나 미국은 이스라엘에 대한 무기 지원을 중단하지 않았고,
서방 국가들도 미국에 대한 체면상 반이스라엘을 표명하기란 불
가능했다.

이에 아랍 국가들은 생산량 삭감을 개시했고, 미국에 대해서는
전면 금수 조치를 단행했다. 아랍 국가들의 석유 생산량은 25퍼센
트 삭감되었으며 석유 가격은 반년 사이에 네 배나 치솟았다. 석유
를 아랍에 의존하고 있었던 유럽 국가들과 일본은 패닉 상태에 빠
졌다. 이것이 이른바 제1차 오일쇼크다.

아무리 미국이라 한들 상황이 이쯤 되면 어떻게든 대처해야만
했다. 소련도 이대로라면 군사 개입을 해야 하는 터라 되도록 조
속히 매듭짓기를 원했다. 미국과 소련이 공동으로 중개에 나서서
1967년 이스라엘이 점령했던 지역의 일부를 이집트와 시리아에
반환하고 이스라엘군과 완충지대를 두기로 결정하면서 전쟁은 막
을 내렸다.

제1차 오일쇼크는 아랍 국가들이 전 세계를 상대로 지대한 영향력을 가지게 되었음을 드러냈다. 서방 선진국들은 앞으로 아랍을 소홀히 대했다가는 세계경제가 제대로 굴러가지 않으리라는 사실을 통감하게 되었다.

오일쇼크가 가져온 아랍의 균열

하지만 제1차 오일쇼크는 얄궂게도 아랍 세계에 균열을 불러일으키는 결과를 낳았다. 오일쇼크가 일어나기 전에는 1배럴에 3달러 이하였던 석유 가격이 오일쇼크 이후 11~13달러 수준까지 치솟았고, 이렇게 오른 가격은 떨어질 기미를 보이지 않았다. 산유국들은 일찍이 경험해본 적 없던 거액의 돈을 수중에 넣게 되었다. 아랍의 산유국들이 벼락부자가 된 것이다.

그러나 아랍의 모든 국가에 윤택한 유전이 존재할 리는 없다. 아랍의 맹주 격이었던 이집트에는 국고를 기름지게 할 대규모 유전이 없었다. 사우디아라비아, 쿠웨이트, 리비아 등의 석유 수출국들은 급격히 풍요로워졌고, 이집트 같은 비수출국들은 점차 뒤처졌다. 이와 같은 경제적 격차가 균열로 이어졌으며, 마침내 전쟁으로까지 발전하게 되었다.

이스라엘과의 전쟁에 필요한 전비를 충당하느라 피폐해졌던 이집트는 세입 부족으로 골머리를 앓고 있었다. 게다가 석유 수출로 윤택해진 아랍 국가들에게 지원을 요청해도 호의적인 대답을 얻지 못했다. 1977년 사다트 대통령은 어쩔 수 없이 빈곤층에 대한 식량 보조금을 중단하려 했다. 그러나 정부의 움직임을 알아챈 국민들이 전국 규모의 시위를 벌이는 등 이집트는 불안 상태에 빠지고 말았다. 식량 보조금 지급을 계속하겠다고 결정해서 사태는 일단락되었으나 이집트의 세입 부족은 해소되지 않은 상태였다.

사다트 대통령은 이 세입 부족을 메우기 위해 터무니없는 행동에 나선다. 이웃 나라인 리비아를 침공한 것이다.

1977년 7월 16일, 이집트는 이스라엘군을 견제하기 위해 시나이반도에 주둔시켰던 군대를 철수시켜 리비아 공격을 위한 병력으로 돌렸다. 이집트군은 9일간 리비아를 공격했는데, 이를 두고 국제적으로 강한 비판이 일었던 것은 물론이거니와 이집트 국내에서도 반대 의견이 많았다. 이스라엘과도 전쟁을 했고 정전 중에 있으면서 왜 같은 아랍 국가들끼리 싸우냐는 것이었다. 사다트 대통령도 국내외 비판에 견디지 못하고 고작 9일 만에 리비아 침공을 단념했다.

세입 문제를 해결하기 위한 사다트 대통령의 다음 정책은 더욱 경악스러웠다. 이스라엘과 전격적으로 화해한 것이다. 같은 아랍의 국가를 침공하는가 싶더니, 이번에는 불구대천의 원수였던 이스라엘과 화해하는 이집트의 태도에 전 세계가 깜짝 놀랐다.

이집트가 이스라엘과 화해한 것은 그렇게 함으로써 이스라엘의 배후에 있는 미국의 원조를 유도하고자 했던 것이다. 또한 서방 진영에 가담해 서방 국가들로부터 막대한 투자를 끌어모을 작정이기도 했다.

이집트 관료들이 대부분 반대하는 가운데 사다트 대통령은 1977년 11월에 이스라엘로 날아갔다. 그는 이스라엘 국회에서 "이스라엘이 1967년에 차지한 지역에서 철수한다면 아랍 세계는 이스라엘과의 공존을 환영한다"고 연설했다.

사다트 대통령이 취한 이스라엘과의 화해 교섭에 대해 서방 국가들은 환영했으나, 아랍 국가들의 반대는 컸다. 이집트는 아랍에서도 인구가 가장 많은 대국이다. 이집트가 대이스라엘 전선에서 물러나면 아랍 사회는 이스라엘에 대항할 수 없게 된다. 1978년 아랍 국가들은 바그다드에서 정상회담을 개최하고 이집트에 "이스라엘과의 화해 교섭을 중지한다면 10년간 매년 50억 달러를 지원하겠다"는 제안을 던졌다.

그러나 사다트 대통령은 마치 "이제 와서 그렇게 나선들 너무 늦었다"라고 말하고 싶다는 듯, 1979년 미국 워싱턴에서 이스라엘과의 강화조약에 조인했다. 이를 지켜본 아랍 국가들은 결국 이집트와 국교를 단절했고, 이렇게 아랍 세계는 '단절의 시대'를 맞이한다.

아랍 지역에서의 혼란이 계속되는 가운데, 아랍 산유국들에는 막대한 부가 흘러들어 왔다. 특히 돈방석에 앉다시피 한 사우디아라비아의 수입은 무시무시할 정도였다. 사우디아라비아가 석유로 번 돈은 1970년에는 12억 달러였으나 1974년에는 200억 달러를 넘었고, 1979년에는 700억 달러에 이르렀다. 10년 동안 60배로 뛰어오른 것이다. 리비아, 쿠웨이트, 카타르, 아랍에미리트 같은 산유국들도 비슷한 수혜를 입었다.

사우디아라비아는 이렇게 벌어들인 돈으로 적극적인 공공투자를 단행하여 전 세계에서도 유수의 인프라를 갖춘 국가가 되었다. 사우디아라비아의 국민들은 세금을 한 푼도 내지 않고 뛰어난 의료와 교육 서비스를 받을 수 있다.

그리고 이 공공투자 때문에 일자리가 늘어나자 주변 국가들에서 돈을 벌기 위해 사우디아라비아로 넘어오는 노동자들이 급증했다. 산유국으로 이주한 노동자들은 1970년에는 68만 명이었으나 3년 뒤인 1973년에는 130만 명, 1980년에는 300만 명에 이르렀다.

노동자들을 가장 많이 보낸 국가는 이집트였다. 이집트는 아랍에서 가장 인구가 많지만 석유가 한 방울도 나지 않았으므로, 벼락부자가 된 산유국들에 노동자를 수출함으로써 국가 경제를 꾸렸다. 이집트인 이주 노동자들이 모국에 송금하는 돈은 1970년에는 1000만 달러였던 것이 1980년에는 20억 달러로 늘어났다. 무려

200배 오른 셈이다.

이집트는 이스라엘과의 단독 강화를 통해 아랍연맹에서 추방되었으나 경제적인 유대가 단절되는 일은 결단코 없었다. 이집트와 산유국들 모두 경제적인 이익을 공유하고 있었기 때문이다.

그러나 아랍 지역 내에서 '가진 자'와 '가지지 못한 자'의 격차는 그 후로도 대립의 요인으로 작용한다.

🔖 이란의 이슬람 혁명이 다시 그린 세력 지도

1979년, 중동발 뉴스가 또다시 전 세계를 충격에 빠뜨렸다. 이슬람 세력이 이란에서 혁명을 일으킨 것이다.

당시 이란은 인구의 절반이 16세 미만인 '젊은 국가'였지만 이란 정부는 이 젊은이들에게 일자리를 마련해주지 못했다. 이란 경제는 석유에 의존하고 있었고 다른 산업은 발전하지 못한 상태였다. 이란의 석유 산업은 기본적으로 구미 기업이 이끌어가고 있었으며, 이란 정부는 유전 이권료를 챙기는 데 그쳤다. 이래서는 제대로 된 국가 경제가 발전할 리 없었다.

한편 이란의 국왕과 상류계급들은 미국에서 들여오는 풍부한 물자와 문화를 누리고 있었다. 전통적인 이란 가치관에서 보자면 퇴폐적이라고도 할 만한 문화까지 들어와서 당시의 이란은 중동에서 가장 미국화되어 있었다. 이런 국가의 분위기를 마뜩찮게 여기는 이슬람 종교인이 많았지만 이란의 팔레비 국왕은 비밀경찰을 동원해 반발하는 종교 세력을 단속했다.

또한 이란의 귀족과 부유층 자제들은 교육 제도가 제대로 갖춰지지 않은 이란을 꺼려 해외로 유학을 가는 경우가 잦았다. 이란과 긴밀한 관계에 있는 미국을 가장 선호해서 연간 7만 명의 유학생 중 절반가량이 미국으로 유학을 떠났다. 그리고 미국에서 자유로운 사상을 체득한 이란의 젊은이들은, 얄궂게도 이란의 '절대왕정'에 의문을 느끼게 된다.

이란 국왕은 가난한 사람들, 종교 세력뿐 아니라 국왕 정부 주변의 귀족과 부유층들에게도 반발을 사는 처지에 놓인 것이다. 그리고 1978년에 이란 국민의 불만이 폭발했다.

이슬람교 성지 중 하나인 쿰에서의 폭동을 계기로, 반정부 시위가 이란 전역으로 확대되어 나갔다. 이에 국외로 망명해 있던 종교 지도자 호메이니Ayatollah Ruhollah Khomeini가 귀국했다. 반정부 운동은 이제 더는 손쓸 길이 없는 상태가 되었고, 마침내 1979년 1월 팔레비 국왕은 국외로 탈출했다. 이렇게 하여 이란은 국왕이 다스리는 왕정에서 이슬람 종교 지도자인 호메이니가 통치하는 종교 국가가 되었다.

이란의 이슬람 혁명은 세계의 세력 지도를 대대적으로 재편하는 사건이 되었다. 그도 그럴 것이, 앞서 설명했듯이 이란의 팔레비 국왕은 미국과 긴밀한 관계를 맺고 있었다. 미국 입장에서 이란은 아랍 지역에서의 중요한 거점이었는데 미국은 바로 이 거점을 잃은 것이다.

게다가 이란은 당시 세계 2위의 산유국이었다. 혁명이 가져온 혼란으로 인해 이란의 석유 수출은 정지하다시피 했고, 전 세계는 두 번째 오일쇼크에 맞닥뜨렸다. 이란 혁명 때문에 석유 가격은 세 배나 뛰어올랐다.

미국은 팔레비 국왕을 미국으로 탈출시켜고 당시 암 환자였던 국왕을 병원에 입원하게 했다. 이란의 혁명군은 여기에 격노하여 테헤란에 소재한 미국 대사관을 습격했고 대사관 직원 52명이 고스란히 감금당했다. 인질들은 1년이 훌쩍 지내서야 인질 교환을 통해 겨우 해방되었다. 이 대사관 인질 사건이 결정적인 계기가 되어 미국과 이란의 관계는 단절되었다. 이후 미국은 이란을 지독히 싫어하게 되었고, 심지어 '악의 축'이라고까지 칭하기에 이른다.

🗟 이란·이라크전쟁에 대한 미국의 속내: 오래 끌수록 좋다

1980년, 이란 혁명이 야기한 혼란을 틈타 이라크가 이란을 침공한다. 이라크는 이란이 국제적으로 고립되어 있다는 사실을 계산에 넣고서 움직였다.

이란과 이라크 사이에는 원래 국경 문제가 있었다. 이 두 국가는 티그리스강과 유프라테스강 하류에 있는 샤트알아랍강의 영유를 둘러싸고 오랫동안 대립해왔다. 이 국경 분쟁은 지금으로부터 400~500년 전 이란과 이라크의 전신인 사파비 왕조와 오스만튀르크가 메소포타미아를 두고 다투었던 시절에 그 기원이 있다.

이 국경 문제 때문에 이란과 이라크는 헤아릴 수 없을 만큼 충돌을 일으키고 조정하길 되풀이했으나 여전히 해결되지 않았다. 게다가 그 무렵 샤트알아랍강 유역에서 석유 채유가 가능해짐에 따라 양국의 분쟁 수위도 높아졌다. 이라크는 이를 계기로 삼아 오랜 국경 문제를 단번에 해결할 작정이었던 것이다. 또한 이란의 종교 혁명이 중동 전체로 퍼져나가지 못하도록 하기 위한 방어책이기도 했다. 무엇보다도 중동 2위의 산유국이었던 이란의 석유를 빼앗겠다는 계산도 있었다.

이란·이라크전쟁은 처음에는 이라크 쪽이 유리했으나 자국 내의 혼란을 수습한 이란이 거세게 반격해왔다. 1982년 상황이 이란 쪽에 유리하게 기울자 미국은 이라크에 무기 지원을 시작한다.

원래 이라크는 소련과 우호협력협정을 맺고 긴밀한 관계에 있었으며 미국과는 거리를 두고 있었다. 그러나 미국 입장에서 보자면 이란이 이라크에 승리를 거두고 아랍에서 세력을 크게 구축하는 것이 가장 고약한 일이었다. 이슬람 혁명이 아랍 전역으로 확대된다면 미국은 아랍에서의 기반을 잃어버리게 될 것이기 때문이다. 이런 이유로 미국은 소련과 동맹에 가까운 관계였던 이라크를 지원했다. 적의 적은 아군인 셈이다.

당시 이라크는 후세인Saddam Hussein 대통령 정권하에 있었다. 이 말은 미국이 처음에는 후세인 정권을 지원했다는 이야기다.

이란·이라크전쟁은 8년 동안이나 계속되었으며, 중동에서 가장 격심한 전쟁이었다. 양쪽 모두 독가스나 화학무기를 사용하는 등 더할 나위 없이 치열하게 싸워 100만 명 이상이 사망한 것으로 추정된다.

그런데 미국이 비밀리에 이란에도 무기를 팔았다는 사실이 발각되었다. 미국 입장에서는 이란이 됐든 이라크가 됐든, 어느 하나가 승리를 거두지 못하고 계속해서 서로 피해를 입히기만 하는 상황이 가장 이득이었을 것이리라.

이 전쟁은 국제연합UN이 조정에 나서며 1988년에야 겨우 종결되었다. 정리된 국경선은 전쟁이 발발하기 전의 상태와 거의 다를 바 없었다.

08

제3의 경제 세력
중국의 각성

🪙 중국이 품은 '100년의 한'이란?

냉전이 지속되는 가운데 제3의 세력이라고도 불리는 경제 대국, 중국이 눈을 뜨려 하고 있었다.

중국의 경제성장을 논하기 위해서는 먼저 아편전쟁 때로 거슬러 올라가야 한다. 아편전쟁은 교과서식으로 말하자면 개화에 뒤처진 중국이 근대화한 군대를 가진 영국에 완패하여 굴욕적인 아편 무역을 강요당한 사건이라 할 수 있겠다.

하지만 아편전쟁 이전의 중국은 결코 뒤처진 국가가 아니었다. 경제 면에서 보자면 영국을 능가할 정도였다. 수많은 경제학자들이 19세기 전반까지 중국의 GDP가 전 세계 1~2위 수준이었음을 계산해낸 바 있다. 참고로 중국과 1위를 다툰 국가는 인도다. 중국과 인도 둘 다 어느 정도는 근대화를 이루었고 막대한 인구를 거느리고 있었으므로 유럽 국가들보다도 높았을 것이라고 추측된다.

전 세계 바다를 누비며 산업혁명에 성공한 영국은 18세기 무렵부터 아시아 쪽으로 활발히 진출했다. 영국은 중국과도 교역을 했고, 그중에서도 차를 수입했다. 영국에는 지금도 홍차를 마시는 습관이 있는데, 이는 당시 중국에서 들여온 찻잎에 그 기원이 있다. 19세기 후반까지 영국으로 들어온 찻잎 대부분은 중국으로부터 수입한 것이었다.

홍차는 영국 전역에서 폭발적으로 퍼져나갔으며 중국에서 수입해 들여오는 차의 양도 막대해졌다. 하지만 영국이 중국에 수출하는 물품은 거의 없었다. 영국은 산업혁명을 통해 면제품을 대량으로 생산하고 있었으나 영국제 면은 중국의 제품에 비하면 질과 가격 모두 상대가 되질 않았다. 이런 이유로 영국에서 대량의 은이 중국으로 흘러들어 갔다.

이 같은 상황을 어떻게든 타개하고자 했던 영국은 비밀리에 아편을 수출한다. 인도에서 제조한 아편을 중국에 강매하여 중국에서 수입한 차의 대금을 치르는 '악의 삼각무역'을 구축한 것이다. 영국은 젊은 중국인 여성이 손님을 상대하는 고급 술집 같은 분위기의 아편 살롱을 중국 내 번화가에 열고 중국인들에게 아편을 널리 퍼뜨렸다.

물론 중국은 격노했다. 청 정부는 중국 내에서의 아편 흡입과 수입을 금지하고, 아편이 밀수되는 항구였던 광둥에 적재된 아편을 몰수했다.

그러자 영국은 1840년에 베이징에서 가까운 톈진에 함대를 파견하여 전쟁을 일으켰다. 영국군은 연전연승을 거두었으며 1842년 항복한 청은 홍콩을 할양하고 광둥과 상하이 등 항구 다섯 곳을 개항했다. 영국은 표면상으로 아편 수입을 강요하지는 않았으나 청 정부는 사실상 아편 수입을 묵인하게 된다. 중국 입장에서는 굴욕도 이런 굴욕이 없었을 것이다.

게다가 아편전쟁 이후 영국 이외의 열강도 잇달아 중국에 권익을 요구했기 때문에 중국 국토는 마치 여기저기 벌레 먹은 것 같은 상태가 되었다. 1895년에는 청일전쟁에서도 완패하여 일본에 거액의 배상금을 치르고 타이완의 할양도 강요당했다.

그 후 신해혁명을 통해 청 정부가 무너졌고 중일전쟁과 내전 등이 이어지다 국가로서의 체재를 겨우 갖춘 것이 불과 1949년의 일이다. 아편전쟁 때부터 헤아려보자면 중국은 100년도 더 넘게 혼란에 빠져 있었던 셈이 된다.

🏛 중국 시장을 차지하기 위한 전쟁에 이변이 발생하다

100년 이상 지속된 중국의 혼란을 수습하고 통일 국가로 재건을 이룬 것은 마오쩌둥毛澤東이 이끄는 공산당이었다.

이에 전 세계가 깜짝 놀랐다. 그도 그럴 것이, 제2차 세계대전 중에는 장제스蔣介石의 국민당이 전후 중국의 정권을 장악하리라 생각했기 때문이다. 일본과 중국의 무력 충돌이 시작된 이래, 미국과 영국이 장제스 정권을 계속 지원했던 것도 그가 일본에 대항할 수 있는 중국 내 유일한 세력이라는 계산이 있어서였다.

무엇보다도 미국은 중국을 매력적인 시장으로 봤다. 막대한 인구를 지녔으며 전통과 문화 또한 존재한다. 당시는 제대로 된 통일 정권이 수립되지 않아서 혼란스러운 국내 상황을 겪고 있으나 국가로서 기능하기 시작한다면 강대한 경제력을 가진 국가가 될 것이 분명했다. 미국은 자국에서 생산되는 대량의 농산물과 공업 제품을 사들여줄 시장을 원했다. 유럽에는 이미 수출할 만큼 수출한 탓에 이제는 포화 상태에 이르러 있었고 더 이상의 수출은 그다지 기대하기 어려웠다. 따라서 미국 제품을 구매해줄 다른 국가가 필요했다. 중국은 그와 같은 시장 후보로 안성맞춤이었다.

이전부터 미국은 중국에 상당히 많은 돈을 투자하고 있었다. 미국 기업들도 중국에 다수 진출했으며 1927년에는 상하이에서 코카콜라가 생산을 개시했다. 전쟁 전 미국은 대중국 투자에서 4위를 기록한 국가였다. 미국 입장에서는 이 중국 시장을 어떻게든 보호해야 했기 때문에 장제스 정권에 10억 달러나 지원했다. 오로지

중국 시장이 일본 뜻대로 좌지우지되어서는 안 된다는 일념에서
였다. 미국이 제2차 세계대전에 참전한 동기 중 하나는 일본이 중
국 시장을 독점하지 못하게 하려는 것도 있었다.

미국은 일본을 항복시키고 중국에서 몰아내는 데는 성공했다.
장제스 정권하의 중국은 UN에도 가입하며 상임이사국이라는 지
위까지 얻었다. 그 장제스가 전후 중국에서 정권 수립에 실패하고
만 것이다.

장제스가 실패한 가장 큰 이유는 부패에 있다. 장제스 쪽에 파
견되었던 미국 군사고문단 또한 "세계 최악의 국민당 지도부가
병사들의 사기를 소침시켰다"라며 국민당 정권 자체가 패배 요인
이었다고 지적했다. 미국에게 거액의 지원을 받은 장제스 정권의
중신들은 아무런 노력도 수고도 없이 큰돈을 손에 넣었다. 경제
를 발전시키고 국력을 증진시키는 과정을 밟지 않고 정권 간부들
만 배를 불린 것이다. 정권 내부에서 미국으로부터 받은 지원금
을 착복하거나 빼돌리는 등의 수법으로 폭리를 탐하는 이들이 속
출했다.

중국은 1937년부터 1945년 사이에 2,000퍼센트나 되는 극심한
인플레이션을 겪었는데, 이 또한 장제스 정권의 부패와 무능이 커
다란 요인으로 작용했다. 국민의 불만은 당연히 높아졌다.

제2차 세계대전이 종결된 시점에서 장제스 정권은 중국 인구의

80퍼센트에 해당하는 지역을 지배하고 있었고, 공산당이 지배하는 지역은 인구의 20퍼센트에 지나지 않았다. 이변이 없는 한 장제스 정권이 중국을 차지할 것이 분명했다. 게다가 장제스의 국민당 정권은 소련과도 우호동맹조약을 체결했다. 공산당의 우두머리 격인 소련은 마오쩌둥이 아니라 장제스를 지지했던 것이다. 마오쩌둥의 공산당은 소련의 지원도 그다지 받지 못한 상태였다.

그러나 국민당 정권의 부패로 인해 국민당군이 대다수가 공산당군으로 돌아섰다. 1949년 2월 시점에서 국민당의 병사 수는 절반가량으로 줄어들었는데, 떠난 자들의 상당수가 공산당에 가담했다. 그리고 미국이 국민당에 지원한 무기의 80퍼센트 이상이 공산당으로 넘어갔다.

1946년 장제스의 국민당군은 이미 열세로 전환되어 있었다. 이 사실은 지원국인 미국에도 전달되었다. 하지만 미국은 더 이상 관여하지 않았다. 마오쩌둥이 중국에서 정권을 장악하는 것은 미국 입장에서 충분히 쓰라린 일이었으나, 장제스 정권을 만회시키려면 무기를 지원하는 정도로는 무리였으며 본격적으로 군사 개입을 할 필요가 있었기 때문이다. 그렇게 된다면 중국인들이 전면적으로 반발할 게 분명했다. 중국인들은 점차 마오쩌둥을 지지하고 있었으므로 공격을 감행한다면 중국 전역을 적으로 돌리는 셈이 된다. 민족자결을 부르짖으며 민족주의와 자유의 기수로서

나치 그리고 일본과 싸워왔던 미국은 도저히 그렇게까지는 할 수 없었다.

게다가 당시 미국은 중국보다도 더 중요한 문제를 끌어안고 있었다. 대량의 유전을 보유한 이란을 소련이 탐내고 있었던 것이다. 소련이 아랍의 대규모 유전을 손에 넣는다면 미국으로서는 크게 곤란해진다. 이란에서 소련을 몰아내는 일이 선결 과제였으므로 중국에 군사적으로 개입할 여유는 없었다. 그러한 까닭에 미국은 장제스 정권이 패주하여 타이완으로 도망치는 모습을 그저 방관할 수밖에 없었다.

중국에 공산당 정권이 탄생하자 미국 정부는 "공산당 정부를 중국의 정부로 승인하지 않을 것이며, 공산당 정권과는 국교를 맺지 않겠다"라고 표명했다. 그때까지 미국과 마오쩌둥은 거의 접촉이 없었고 마오쩌둥 정권이 미국과 어떠한 관계를 맺으려 하는지도 분명하지 않았다. 그러나 미국은 공산주의 국가가 늘어나는 것에 강한 경계심을 품고 있었으므로 중국공산당 정권을 용인할 수는 없었다. 그리고 타이완으로 도망친 장제스 정권이 중국을 대표하는 정권이라 고집했다.

마오쩌둥은 이에 대해 미국 총영사관의 자산을 몰수하는 형태로 보복했다. 그리고 중국에 진출해 있던 구미 기업들의 자산을 모두 접수했다. 미국 또한 중국인들이 미국 내에서 보유하던 자산을 모조리 동결시켰다.

미국이 태평양에서 일본군과 사투를 벌인 것도, 장제스에게 10억 달러나 지원을 한 것도, 중국 시장에 매력을 느꼈기 때문이다. 그러나 중국 시장은 공산당 정권 탄생과 더불어 미국을 향한 문을 닫고 말았다.

세계의 고아가 된 중국의 유일한 친구, 소련

중국의 공산당 정권을 미국이 승인하지 않자 국제적으로 국가로서 인정받지 못하는 고립 상태가 이어졌다. 여기에 최초로 숨통을 트여준 데가 소련이었다.

소련은 장제스를 지원했던 것 때문에 행짜를 부리던 중국공산당에 대폭 양보할 뜻을 비치며 화해의 손길을 내밀었다. 제2차 세계대전 말기에 소련이 일본에게서 강탈한 만주를 중국에 돌려주겠다고 약속한 것이다. 이렇게 하여 중국과 소련은 1950년에 '중소우호동맹상호원조조약'을 맺었다. 조약 체결을 통해 중국은 소련으로부터 3억 달러의 차관을 받을 수 있게 되었고, 이를 가지고 공업화에 착수했다.

그러자 미국은 1950년, 대중국 수출을 금지했다. 중국은 완전히 공산주의 진영의 일원이 되어 서방 국가들과는 단절 상태에 들어갔다.

그렇다고 해서 마오쩌둥의 공산당 정권이 그 즉시 소련 편에 찰싹 달라붙지는 않았다. 앞서 설명했듯이 마오쩌둥은 소련과 조금 거리를 두고 있었다. 소련은 마오쩌둥에게 지원을 하기는 했으나, 장제스 정권과도 우호조약을 체결한 상태였다. 1949년 시점에서도 소련은 여전히 국민당 정부에 대사를 파견했다. 이런 이유로 중국공산당 정권은 소련에 대해 복잡한 감정을 품고 있었던 것이다.

중국은 동유럽의 공산주의 국가들과는 내력이 완전히 달랐다. 동유럽의 공산주의 국가들은 대부분이 제2차 세계대전 중에 소련이 점령했던 지역의 국가들이다. 다시 말해 소련이 '자력으로 획득한 영지'라고도 할 수 있겠다. 그러나 중국은 소련이 획득한 지역이 아니었으며, 중국공산당이 독자적으로 정권을 세운 것이다. 그러한 까닭에 동유럽의 경우처럼 소련을 상대로 하는 복종 관계는 생겨나지 않았다.

이는 중국의 장래를 놓고 본다면 잘된 일이었다. 전후 중국은 동유럽의 공산주의 국가들과는 다른 길을 걷게 되었기 때문이다. 1980년대 말부터 1990년대에 걸쳐 동유럽의 공산주의 국가들이 잇달아 무너져가는 가운데, 중국은 국가 체제가 붕괴되는 사태 없이 급격한 경제성장을 이룩했다. 현재 중국이 세계 2위의 경제 대국으로 부상할 수 있었던 것도 건국 당시 소련과 거리를 두었기 때문이라 할 수 있겠다.

그렇지만 건국 후 중국의 국가 재건은 순조롭게 흘러가지 않았다. 오히려 우여곡절의 연속이었다.

중국은 소련의 경제계획 등을 모방하여 1958년에는 대약진운동을 추진했다. 이는 당시 세계 2위의 경제 대국이었던 영국을 15년 만에 앞지르겠다는, 당시 중국의 실정을 놓고 본다면 터무니없이 허황된 목표였다. 농공업에 무리한 할당량을 부과한 데다 철강 같은 일부 분야에서는 수치 향상에만 집착했기 때문에, 각 산업의 효율이 떨어졌으며 경제는 대혼란을 일으켰다. 수천만 명이 굶어죽었다고도 한다. 대약진운동은 불과 3년 만에 허무하게 좌절되었고 마오쩌둥은 이에 대한 책임을 지고 국가 주석을 사임했다.

더구나 1950년대 후반에는 중국과 소련의 관계가 틀어진다. 1957년, 소련의 흐루쇼프Nikita Khrushchyov는 자유주의 진영과 평화 외교를 전개했으며, 한편으로는 중국에 경계심을 품게 되었다. 중국은 다른 동유럽 국가들처럼 소련이 하라는 대로 움직이지 않았기 때문이다.

1959년, 소련은 중국을 상대로 원자폭탄의 기술 공여를 돌연 정지한다. 또한 같은 해 중국은 티베트를 둘러싸고 인도와 무력 충돌을 벌였는데, 소련은 중립이라는 입장을 취했다. 소련이 지원해주리라 여겼던 중국은 기대가 어긋났다. 이런저런 일들로 중국과 소련 사이는 급격히 악화되었다.

1960년대에 접어들자 중국과 소련은 무력 충돌을 벌이기에 이른다. 문제는 국경이었다. 이 문제는 꽤 오래되었으나 사이가 좋을 때는 나중으로 미뤄두었다가도, 사이가 나빠지면 다시 불거지곤 했다. 중국과 소련(당시 러시아)이 근대적인 의미에서의 국경선을 그은 것은 1858년부터 1860년 사이의 일이다. 이때 중국과 러시아는 베이징조약을 체결하고 일단 국경선을 확정했다.

그러나 당시 중국은 청조 말기로, 아편전쟁에서 패배한 직후였다. 청은 러시아를 상대로 그다지 강경하게 발언하지 못했다. 물론 러시아가 이를 약점으로 이용한 면도 있다. 이런 이유로 중국 쪽에서는 줄곧 이 국경이 불공평하다고 생각했다.

그로부터 얼마 지나지 않아 러시아에서 혁명이 일어났고 소련이라는 국가가 탄생한다. 그 후 제2차 세계대전이 끝나기까지 중국과 러시아의 국경 부근에는 일본이 진출하여 소련의 영토에 깊숙이 파고들어 갔다. 그래서 중국과 소련은 대립할 일이 없었는데, 제2차 세계대전에서 일본이 패배함에 따라 중국과 소련이 직접 대치하게 되었다.

중국은 청조 말기의 혼란 속에서 결정된 국경선에 불만을 갖고 있었다. 그도 그럴 것이, 중국과 러시아의 국경은 그 절반이 아무르강과 우수리강 같은 하천으로 이루어져 있다. 이 큰 강에는 2,500개에 가까운 섬들이 있는데, 소련은 이 섬들 대부분을 자신의 영토로 삼았다.

통상적으로 하천을 국경으로 할 경우 하천 자체도 절반씩 영유하게 되어 있다. 그러므로 하천 내에 있는 섬도 절반씩 영유하는 것이 기본이다. 중국은 "하천 내의 섬들 중 절반을 달라"라며 소련에 누차 타진했으나, 소련은 받아들이지 않았다. 속이 부글부글 끓은 중국은 1969년 3월, 우수리강에 있는 전바오섬을 강탈한다. 이를 시작으로 하여 중국과 러시아의 국경 전체에서 충돌이 발생했다.

이때 소련과 중국은 둘 다 핵무기를 보유하고 있었으므로 만약 양국이 진심으로 싸우기 시작한다면 핵전쟁으로 발전할 우려도 있었다. 물론 그러한 사태는 소련도 중국도 바라지 않았기에 결국 소련이 전바오섬 등을 포기하면서 사태는 그럭저럭 수습되었다.

여기에서 놀라운 대목은 당시 소련이라는 존재가 공산권의 우두머리였고 세력 면에서 전성기를 구가하던 시절이라는 점이다. 미국에 필적하는 군대는 물론이고 핵미사일을 수만 발이나 보유하고 있어서, 우는 아이도 울음을 그친다고 할 만큼 초강대국이었다. 미국을 비롯한 서방 국가들도 소련과는 직접 전쟁을 벌이지 않도록 신경을 곤두세울 정도였다. 그토록 강한 소련과 누가 전쟁을 시작하겠는가. 그런데 중국은 바로 그 소련에 싸움을 걸고 영토까지 빼앗았으니 두둑한 배짱과 대담함만큼은 괄목할 수준이라 하겠다.

≣ 굳게 닫혔던 중국의 문이 차차 열리다

소련과 중국의 관계가 악화됨에 따라 중국은 서방 국가들에 접근할 방법을 모색한다. 아직 개발도상국이었던 중국은 소련의 지원 없이는 근대화를 이룰 수 없었다. 그러나 이제 더는 소련의 지원을 기대할 수 없었다. 그래서 서방 국가들, 특히 미국의 지원을 받을 작정이었던 것이다.

당시 미국은 베트남전쟁이라는 수렁에 빠져 있었던 까닭에 중국의 방향 전환은 마침가락과도 같은 일이었다. 이에 미국은 대중국 경제제재를 서서히 완화해나갔다. 1969년에는 미국인의 중국 도항 제한과 중국 제품의 수입 제한이 완화되었고, 미국의 비전략 물자를 중국에 수출할 수 있게 되었다.

앞서 설명했듯이 중국이라는 국가는 건국 이래 미국 같은 서방 국가들로부터 국가로 인정받지 못했다. 서방 국가들은 중국이 아닌 타이완의 국민당 정부와 국교를 맺었다. 타이완의 국민당 정부가 중국을 대표하는 정부이며, 하나의 국가에 두 정부가 존재하는 것은 인정할 수 없다는 자세를 취해왔다. 중국 본토에서는 공산당 정부가 정권을 장악하고 있었고 국민당 정부는 타이완만 통치하고 있었으나 서방 국가들 입장에서 '중화인민공화국'은 존재하지 않는 것처럼 취급당하고 있었던 것이다.

그러나 중국의 방향 전환을 통해 서방 국가들도 중국과의 국교 수립을 모색하기 시작했다. 1972년, 일본이 먼저 중국과 국교를 회복했다. 그해 미국의 닉슨 대통령이 중국을 방문하여 국교 수립을 위해 움직이기 시작한다. 1979년에는 마침내 미국과 중국의 국교가 수립되었으며 이와 거의 같은 시기에 중국은 개혁·개방 정책에 나섰다.

이때 미국은 미국 내의 중국인 자산 8050만 달러 동결을 해제하였으며, 중국은 미국이 청구한 미국인의 중국 자산 1억 9680만 달러 중 8050만 달러 분량을 반환했다. 요컨대 같은 금액을 반환하여 타협을 본 것으로, 전쟁 전의 대차貸借는 없던 일이 되었다. 미국이 중국 내에서 보유 중이었던 자산이 중국이 미국 내에서 보유 중이었던 자산보다도 두 배 이상 컸으므로 미국은 손해였다. 다시 말해 그만큼 손해를 본다 해도 미국 입장에서는 중국과의 국교 수립이 중요했던 것이다.

어쨌든 공산주의 진영의 커다란 부분 하나가 무너진 셈이다. 이로부터 약 10년 후 소련과 공산주의 진영은 붕괴하는데, 여기에는 중국의 이탈도 큰 요인으로 작용했다고 할 수 있겠다. 중국은 미국과 국교를 수립한 후 급격한 경제 발전을 이루었으며 이는 동방 공산 진영의 경제 정체를 더욱 두드러지게 만들었기 때문이다.

🎐 일본이 중국에 내민 손길

중국의 개혁·개방 정책과 서방 진영과의 경제 교류에서 대단히 큰 역할을 담당한 것은 일본이다. 앞서 설명했듯이 일본은 미국보다 한 발짝 빠른 1972년에 중국과 국교를 회복했다.

당시 일본과 중국 사이에는 성가신 문제들이 몇 가지 가로놓여 있었다. 그중 가장 큰 문제는 배상에 관한 것이었다. 일본과 중국 사이의 전후 배상 문제는 타이완의 국민당 정부와 주고받은 화일평화조약華日平和條을 통해 "중국 쪽이 배상청구권을 포기하는" 것으로 되어 있었다. 그러나 중국 대륙에서 정권을 수립한 중국공산당 정부는 이에 반발하고 줄곧 배상청구권을 주장했다.

하지만 1972년에 국교 교섭을 하면서 중국 쪽은 배상청구권을 포기하고 대신 일본은 경제원조를 한다는 암묵적인 양해를 주고받았다. 이 경제원조가 중국의 근대화에 크게 도움을 주었으며, 개혁·개방 정책을 성공하게 만든 요인 중 하나로 작용했다.

국교를 회복한 일본과 중국은 금세 경제협력을 개시했다. 일본의 경제계는 광대한 토지를 갖고 있으며 윤택한 자원이 잠들어 있는 중국에 강한 관심을 가졌다. 1978년에는 상하이바오산제철소의 플랜트 건설에 일본 기업이 참가하게 되었다.

한편 당시 중국은 경제력이 조금도 없었으며, 재정 규모도 작았다. 중국이 개혁·개방 노선을 펼쳤던 1978년, 중국이 상정한 주요 수출품은 석유나 석탄 같은 에너지자원이었다. 현재 중국은 대량의 에너지 수입국이지만, 당시에는 타국에 수출할 만큼의 에너지자원이 아직 남아 있었던 것이다. 또한 구미와 비교하여 공업화가 뒤처져 있어서 에너지자원을 파는 일 말고는 달리 할 수 있는 게 없었고, 실제로는 기술이 부족해 에너지자원을 파는 일조차 여의치 않은 상태였다. 중국은 에너지자원 개발에 이제 막 착수하기 시작해 자원을 수송할 철도, 항만 시설 등도 정비되어 있지 않았다.

중일 국교가 회복된 1972년부터 1980년 사이에 양국의 무역액은 여덟 배로 증가했으나, 그 내역을 살펴보면 중국의 무역 적자가 대폭적으로 상승했다. 중국의 대일본 무역 적자액은 71억 5700만 달러나 되었다. 일본뿐 아니라 구미와의 무역에서도 적자가 누적되어 1978년부터 1980년까지의 3년간 적자가 44억 4300만 달러나 되었다. 개혁·개방을 추구한 지 얼마 되지 않은 중국의 주된 수출품은 농산물 중심이어서 부가가치가 낮았다.

중국 역시 자국의 산업이 뒤처졌다는 사실을 충분히 자각하고 있었기에 1976년에는 국민경제발전10개년계획을 발동했다. 이는 각각 대규모 석유 기지와 철강 기지 열 개, 공업 기지 아홉 개를 짓겠다는 계획이었다.

이 계획을 수행하려면 막대한 금액을 들여 기술 및 플랜트를 구미에서 도입해야 했다. 그러나 앞서 설명한 대로 당시 중국은 개혁·개방 이래 무역 적자가 급격히 치솟았으며 외화준비고가 격감한 상태였다. 1979년에 8억 4000만 달러였던 외화준비고는 이듬해인 1980년에 마이너스 12억 9600만 달러를 기록했다. 요컨대 공업 발전을 위한 시설을 갖추고 싶어도, 돈이 없어 하지 못하는 상황이었던 것이다.

이를 본 일본 정부가 엔화 차관과 기술협력을 요청하라는 제안을 했다. 중국은 자본주의국가에 돈을 빌리거나 기술 지원을 받는 행위에 저항이 있어서 조금은 주저했다. 그때까지 중국공산당은 '빚을 지지 않는 국가 재정'에 자부심을 갖고 있었기 때문이다. 구미의 근대국가들은 안팎으로 돈을 빌려 국가를 운영하고 있었기 때문에 재정이 위기에 빠지거나 타국의 경제 침공을 초래하는 등의 일도 겪었다. 따라서 중국공산당은 근대국가의 폐해인 빚을 내서 국가 재정을 꾸리는 행위는 하지 않겠다는 노선을 택해왔다.

이런 이유로 일본에게 돈을 빌리는 것에 석연치 않은 부분도 있었으나 덩샤오핑鄧小平이 결단을 내려 일본에 엔화 차관을 요청하기로 한다. 그 결과 1979년부터 일본의 엔화 차관과 기술지원이 본격적으로 시작되었다. 이 해, 스주수어항 건설, 베이징과 친황다오 간 철도 확충 등 중국의 프로젝트 여섯 건에 500억 엔의 엔화 차관이 제공되었다. 이를 시작으로 일본은 중국에 거액을 지원하게 된다.

또한 이때 일본의 무상 원조를 통해 1984년 베이징에서 중일우호병원이라는 근대적인 병원이 건설되었다. 최신 설비를 갖추었으며 건축 면적은 18만 제곱미터, 침상 수 1,300개에 이르는 대형 병원이다. 일본의 게이오의숙대학병원보다도 훨씬 더 규모가 컸다. 이 중일우호병원은 지금도 중국 의료의 중추 기관으로서 역할을 담당하고 있다.

서방 국가들과 국교를 회복한 후 중국 경제는 급격히 성장하기 시작하는데, 1989년 난데없이 커다란 장애에 부딪히고 만다. 톈안먼사건이 발생한 것이다. 민주화를 요구한 학생들이 베이징의 톈안먼 광장을 점거하자, 중국 정부가 군대를 동원하여 강제로 진압했다. 상세한 내용은 지금까지도 공표되지 않았으나 일설에 따르면 수천 명이 희생되었다고 한다.

중국은 서방 국가들과 국교를 회복한 이래 수많은 유학생들을 서방 국가들로 보냈다. 일본 또한 이 무렵부터 상당한 숫자의 중국인 유학생들을 받아들였다. 구미나 일본의 자유로운 분위기를 익히고 돌아온 유학생들은 모국에서의 생활 어디에도 자유로움이 없다고 여겼다. 또한 서방 국가들과 교역을 하는 동안에 원치 않아도 외부의 정보를 접하게 된 많은 사람들이 중국이 비민주적인 국가임을 깨닫고 말았다.

그와 같은 불만이 형태를 갖추고 나타난 것이 톈안먼사건이었다. 중국 당국은 처음에는 상황을 지켜보고 있다가, 학생운동이 고조되자 급격한 민주화는 받아들일 수 없다며 무력 진압에 나섰다.

이 톈안먼사건이 벌어지자 서방 국가들은 일제히 중국 정부에 항의했으며 제재 조치를 강구했다. 이때 일본은 항의 및 제재를 최소한으로 하는 데 그쳤다. 국제적 비난이 쇄도할 만한 인권 침해 행위를 더 이상 하지 않는다면 중국의 개혁·개방 정책에 협력한다는 방침에 변동이 없다는 메시지를 보냈으며 경제 지원 규모를 약간 축소했을 따름이었다.

이는 중국이 국제적으로 고립되어 공산주의 진영으로 재차 돌아가지 않도록 하려는 배려도 있었지만 일본이 이렇게 할 수밖에 없는 사정도 있었다. 당시 이미 다수의 일본 기업들이 중국에 진출했고 거액의 투자도 진행되었다. 중국의 대외 채무 중 절반 이상은 일본을 상대로 한 것이었다. 그러니 중국과 경제 교류가 단절된다면 일본이 받을 타격도 클 것이었다. 어찌 되었든 이러한 일본의 대응으로 중국은 국제적으로 고립되는 상황은 면했다. 하지만 유감스럽게도 중국에서는 국민의 민주화 욕구를 다른 방향으로 돌리기 위해 반일 교육을 시작하게 되었다.

09 냉전의 뒤편에서 일어난
치열한 경제 전쟁

⬛ 미소 대립을 이용해 돈을 얻은 개발도상국

냉전을 이야기할 때 흔히 군사적 대립만 거론하나 사실 냉전은 대단히 커다란 '경제' 문제였다. 냉전은 미국이 막대한 비용을 지불하도록 만드는 구조였기 때문이다.

여기서 말하는 비용에는 먼저 대소련 군비가 있다. 1950년대에는 군사비가 미국 국가 예산의 70퍼센트 가까이 차지했던 시기도 있었으며 냉전 시기를 통틀어 매년 30퍼센트 안팎의 군사비를 치렀다. GDP 대비로 따지면 1950년대와 1960년대, 20년간 GDP의 10퍼센트 안팎에 상당하는 군사비를 지출했다. 1970년대부터 1980년대 사이의 20년간에는 5~10퍼센트 정도의 군사비를 지출했다. 참고로 지금은 3~4퍼센트다. 비용 규모로 보자면 미국은 냉전 중이던 약 반세기 동안 계속해서 전쟁을 치르고 있었던 셈이다.

또한 냉전은 미국에 군사비 이외에도 다대한 비용 지출을 강요했다. 이는 타국을 지원하는 데 필요한 돈이었다. 냉전 중에 세계 어딘가에서 분쟁이 발생했을 때, 분쟁 당사국은 통상적으로 서방 진영 또는 동방 진영에 지원을 요청하곤 했다. 분쟁 발생지가 아랍이 됐든, 아프리카가 됐든, 아니면 아시아나 남미이든 간에 마찬가지였다.

미국이나 소련 입장에서는 요청이 들어왔을 경우 응하지 않을 수 없다. 만일 지원하지 않는다면 상대 진영에 붙어버릴지도 모를 일이고, 상대 진영이 미는 세력이 정권을 장악할 수도 있다. 전 세계 각국을 포섭하여 진영을 강화하기 위해서는 반드시 돈이 필요했던 것이다.

개발도상국들 쪽도 만만치는 않았다. 이런 미국과 소련의 약점을 파고들어서 최대한으로 지원을 얻어내려 했다. 예를 들어 이집트 같은 경우 1950년대부터 1970년대에 걸쳐 미국과 소련 양쪽의 주의를 끌면서 두 나라로부터 막대한 지원을 받았다. 1950년대와 1960년대에는 소련에게서 아스완하이댐 건설을 위한 경제원조를 받았고, 군사고문단과 무기를 지원받기도 했다. 그러나 1970년대에 접어들며 소련이 재정 악화로 인해 지원을 꺼리게 되자 이번에는 미국에 접근하여 매년 20억 달러나 되는 경제 지원을 받았다. 이집트 외에도 이런 국가들은 더 있었다.

냉전이라 하면 미국과 소련이라는 양대 세력이 우격다짐으로 다른 국가들을 꼼짝 못하게 억눌렀다는 이미지가 있는데, 이는 사실과 다른 면도 있다. 오히려 냉전 중 미국과 소련은 전 세계 국가들을 신경 써가며 경제적 지원을 했다. 물론 이는 양국의 경제를 악화시키기에 이르렀다. 미국은 마셜플랜 이후로도 전 세계의 국가들에 경제적인 지원을 했다. 물론 소련도 여기에 대항했다. 말하자면 냉전이란 미국과 소련 양국 입장에서는 마치 서로의 인내심을 겨루듯 '지원 전쟁'을 벌인 것이었다. 그 결과 냉전 중반 무렵부터 미국과 소련은 심각한 재정 위기로 골머리를 앓게 된다.

🗳 미국의 위기: 흔들리는 세계의 은행

미국은 서방 진영의 경제 부흥을 위해 마셜플랜과 같은 다양한 형태로 지원했다. 그러나 이는 미국 경제를 고통에 빠뜨리는 일이기도 했다.

수차례 언급했듯이 1950년대 후반부터 서방의 유럽 국가들, 특히 서독과 일본은 경제 부흥을 추진하여 경쟁력 있는 공업 제품을 생산하게 되었다. 그러자 미국의 수출력은 크게 저하되었고, 1971년에는 무역수지가 적자로 전락할 것이 확실시되었다. 이는 미국이 지녔던 경제 대국이라는 지위는 물론 '세계의 은행'이라는 지위

또한 위협하는 것이었다.

1944년 브레튼우즈협정에 따라 세계경제의 기축통화로 달러가 쓰이게 되었다. 당시 달러는 전 세계에서 금과 태환이 가능한 유일한 통화였다. 영국, 프랑스 등이 금이 부족해서 통화를 금으로 태환하는 일이 불가능해진 가운데, 미국은 전 세계 70퍼센트의 금을 보유하고 있었으므로 금 태환을 계속 이어갈 수 있었다. 이와 같은 신용을 바탕으로 달러는 전 세계 기축통화로 인정받았다.

하지만 미국의 무역 적자 규모가 커지자, 달러에 대한 신용은 순식간에 떨어졌다. 이에 달러를 보유한 국가들은 되도록 빨리 금으로 바꿔두고자 했다. 금으로 교환되는 달러는 갈수록 많아졌고 미국이 보유한 금은 급격히 줄어들게 되었다. 실제로 1960년대 후반부터 급격한 기세로 미국의 금이 국외로 유출되었다.

미국의 금 유출은 1950년대부터 이미 시작된 바 있다. 군사 지원 등으로 인한 비용 때문에 금 보유량이 격감하기 시작한 것이다. 1958년 한 해 동안 약 2,000톤이 국외로 흘러나갔다. 1960년대로 접어들자 미국의 수출 부진 등을 이유로 유출 속도는 한층 속도를 높였다. 제2차 세계대전이 종결되었을 때 미국의 금 보유량은 약 2만 2,000톤이었는데, 1970년 무렵에는 그중 60퍼센트 이상이 유출되어 남은 것은 8,000톤 정도에 지나지 않았다. 이대로 금 유출이 지속된다면 미국의 금이 고갈되고 말 것이었다.

1971년 미국의 닉슨 대통령은 더 이상 무역 적자를 내지 않기 위해 수입품에 과징금을 부과했다. 언제나 전 세계 자유무역을 주장해왔던 미국이 지금까지와는 정반대로 움직인 것이다. 그러나 금 유출이 멈추지 않았기 때문에 이제 체면 따위를 신경 쓰고 있을 수는 없었다. 이마저도 성과를 내지 못하자 결국 닉슨 대통령은 미국 달러와 금 교환 정지를 발표했다. 이것이 이른바 닉슨쇼크다.

그런데 1960년대 후반부터 1970년대 전반 사이, 그러니까 미국이 금 유출로 골머리를 앓던 시기에 달러와 금 태환을 집요하게 요청한 국가는 어디였을까? 범인은 프랑스를 비롯한 서구 국가들이었다. 이 시기에 서구 국가들은 금 보유량을 급격히 늘렸다.

현재 EU는 1만 톤 이상이나 되는 금을 보유하고 있는데, 이는 미국의 보유량 이상이며 대부분은 1960년대에 미국에서 유입된 것이다. 마셜플랜을 통해 미국에게 거액의 지원금을 받았던 서구 국가들은 미국이 경제 위기에 빠지자 도와주기는커녕 짓밟는 것과 매한가지인 움직임을 보였다. 이는 미국에 대한 서구 국가들의 본심이 드러난 것이라고 본다. 특히 프랑스가 노골적이었다.

미국의 금 유출이 문제시되기 시작한 1960년대, 미국은 서구 국가들에 되도록 달러를 금과 바꾸지 말아달라고 호소했다. 그러나 프랑스는 미국의 호소 따위는 귓등으로 흘려보내기라도 한 듯, 1965년에 3억 달러어치의 금 교환을 미국에 청구했다. 이는 금으로 따지면 300톤 가까이 되는 양이다. 2015년 현재 프랑스의 금 보유량은 2,400톤이니 8분의 1 정도를 이 당시에 들여온 셈이다. 그리고 금 수송 및 호위를 위해 프랑스 해군을 파견하기까지 했다. 이를 본 스페인도 6000만 달러에 상당하는 금 태환을 청구했다. 물론 미국으로서는 큰 타격이었다.

즉 냉전 한복판에서 서방 국가들은 미국이 가장 곤란해할 일을 행동에 옮긴 것이다. 서방 국가들은 미국을 맹주로서 진심으로 우러르지는 않았다. 그리고 미국을 향한 서방 국가들의 대항 의식은 훗날 EU라는 형태로 드러나게 된다.

▤ 소련 경제는 미국보다 더 엉망이었으니……

미국이 달러와 금 태환 정지라는 굴욕적인 금융 위기를 겪을 당시, 냉전의 다른 한 축이었던 소련의 경제 또한 결코 좋지는 않았다. 사실 소련의 경제 악화가 진행되는 속도는 더 빨랐다.

건국 당초 소련은 자본주의하에서는 있을 수 없는 경제성장을 보여주었으나 전후 부흥을 얼추 마치고 나자 정체 상태에 접어들었다. 그리고 1970년대에 들어서면서 소련의 경제는 급속히 후퇴하기 시작했다.

1960년대 소련의 수뇌들은 "1970년에 이르면 소련의 1인당 생산력은 미국을 뛰어넘을 것이다"라고 호언했다. 그러나 실제로

1970년대에 들어서자 이는 그야말로 한낱 꿈에 지나지 않았음이 판명되었다. 1964년의 경제성장률은 5퍼센트였으나, 1979년에는 0.8퍼센트까지 떨어지고 만 것이다.

소련의 공업 제품은 동유럽 국가들이 어떻게든 사주었으나 그 외 지역에서는 국제적인 경쟁력이 전혀 없었다. 소련은 서방 국가들의 제품을 구입했지만 소련에서 수출 가능한 것들이 그다지 없었던 탓에 달러나 파운드 같은 외화를 좀처럼 얻지 못했다. 소련의 주된 수출품은 석유였으며, 석유가 외화의 60퍼센트를 벌어다주었다. 경제 시스템으로 보자면 개발도상국 수준이었다.

공산주의란 상명하복 경제 시스템이다. 그와 같은 경제체제는 가난한 국가가 즉각적으로 국가를 재건하려 할 때는 힘을 발휘할 수도 있다. 국가의 인재와 자원을 가장 필요로 하는 지점에 집중할 수 있기 때문이다. 실제로 건국 당초 소련은 혁명이 가져온 혼란과 빈곤 속에서 재빨리 국가를 재건할 수 있었다.

하지만 경제사회를 그 이상으로 발전시키는 데는 적합하지 않은 듯하다. 소련에서는 나사 하나까지 '계획적으로' 조달 및 사용되기 때문에 현장에 있는 사람들의 창의적인 연구나 아이디어가 반영될 일이 전혀 없다. 아무리 열심히 일한다 한들 월급도 거의 변하지 않는다. 그러한 시스템 속에서는 경제가 역동적으로 발전하거나 기술이 진보하기 어려워진다.

전후 20년이 흐르자 풍요로움은 물론 기술 면에서 서방 국가들과 격차가 뚜렷해지게 되었다. 1970년대 소련에서는 국민 사망률과 영유아 사망률이 급속히 높아졌다. 선진국의 국민 사망률과 영유아 사망률은 매년 감소하던 시기였으므로 이것은 매우 이상한 현상이었다. 당시 소련의 의료 제도가 얼마나 빈약했는지, 물자가 얼마나 부족했는지, 사회 전체에 스트레스가 어느 정도 만연해 있었는지 등을 엿볼 수 있는 대목이다.

1980년대가 되자 소련, 동유럽과 서방 국가들의 경제적 격차는 한층 현저해졌다. 당시 서방 국가들에서는 컴퓨터 혁명이라고도 불릴 만한 산업 변혁이 일어났다. 컴퓨터의 크기가 작아지고 가격도 저렴해졌기 때문에 일상생활 속 다양한 지점에서 컴퓨터를 사용하게 된 것이다. 그러나 소련은 컴퓨터의 범용화를 크게 늦췄다. 여기에는 기술적인 면도 원인으로 작용했으나, 공산주의라는 사상도 또 다른 원인이었다. 정보산업이 발달하면 국가 체제를 위협한다는 이유로 소련 당국이 컴퓨터 보급을 관리하고 억제한 것이다. 1980년대 미국 내에서는 이미 퍼스널 컴퓨터 3000만 대가 사용되고 있었는데, 소련에는 5만 대밖에 없었다.

소련은 퍼스널 컴퓨터는커녕 복사기도 쓰지 않아서 미국과 소련의 외교관 회합에서도 소련 쪽이 문서를 복사하는 데 시간을 지체하다 미국 쪽을 기다리게 하는 일도 잦았다고 한다.

🎴 한계점에 다다른 냉전 시대의 경제

1980년대가 되자 미국과 소련 양국은 거액의 군사비로 고통을 받았고, 점차 부담을 견딜 수 없게 되었다. 미국은 군사비로 3000억 달러 가까이 지출했으며 소련의 군사비 또한 2500억 달러 수준에 이르렀다. 1970년대 중반 시점에서 미국의 군사비는 GDP의 5~6 퍼센트 정도였다. 그것만으로도 상당히 높은 금액이다. 그런데 소련의 군사비는 GDP의 25퍼센트나 되었다. 이 액수와 비율은 전시 체제라고 해도 좋을 정도다. 그래서 1980년대 미국과 소련은 군축 교섭을 활발히 진행하게 된다. 군비 축소는 세계 평화를 위해서만은 아니었으며, 두 국가가 재정 부담을 견딜 수 없게 되었던 것도 적잖이 있었다.

거액의 군사비는 미국 경제를 점점 더 잠식해갔다. 그중에서도 1980년대는 미국 경제에서 커다란 분기점으로 자리매김했다. 공업제품 생산성 면에서 일본이나 서독에 추월당하여 '세계의 공장' 자리를 완전히 내주고 말았던 것이다. 게다가 1987년의 무역 적자는 1710억 달러로 사상 최고액을 기록했다. 1980년이 시작되었을 때 미국은 세계 최대의 채권국이었으나 1985년에는 세계 최대의 채무국이 되었다.

소련 쪽은 더 심각했다. 경제력이 저하되면서 동유럽 국가들에 대한 소련의 구심력이 떨어졌기 때문이다. 1980년대에 들어서자 동유럽 국가들의 경제에도 다른 움직임이 일었다. 소련의 국력이 저하되는 것을 보고 독자적인 노선을 모색하는 국가들도 나타났는데, 이를테면 헝가리는 시장경제를 도입한 경제개혁을 단행했다. 또한 폴란드에서는 국내 경제가 파탄 직전에 이르면서 반체제파가 세력을 확장했기 때문에 계엄령이 선포되는 지경에 처했다.

고르바초프의 결단과 소련의 붕괴

1985년이 되자 소련은 커다란 변혁을 맞이한다. 고르바초프 Mikhail Gorbachev가 서기장에 취임한 것이다. 1931년에 태어난 고르바초프는 그때까지의 지도자와는 확연히 다른 신세대 지도자였다. 그전의 소련 지도자들은 공산주의 운동을 하고 군대를 거쳐 당 간부로 올라갔다. 학력도 거의 없었고 갖은 고생을 겪으며 밑바닥에서 성공해 올라온 이들이 대부분이었다.

하지만 고르바초프는 모스크바국립대학 및 법과대학원을 졸업했으며 소련이 육성한 엘리트 1기생 같은 존재였다. 대학에서는 공산주의 사상뿐 아니라 서구의 경제와 사상도 배웠다. 고르바초프는 골수 공산주의자가 아니었고 자유로운 사상과 지식층 특유의 비판 정신을 갖추고 있었다.

고르바초프는 서기장에 취임한 후 개혁을 연거푸 단행한다. 그 중에서도 으뜸인 것이 바로 페레스트로이카(개혁 정책)다. 1986년

냉전 시기 돈의 흐름

이제는 '지출 대전' 양상

경제
침체

소련

미국

막대한
군사비

구심력
저하

금 태환
청구

미국 쪽
진영으로
포섭하기 위한
경제 지원

동유럽
국가들

서유럽
국가들

개발
도상국들

미국과 소련 모두 냉전에 따른 비용 지출을
더는 견디지 못하게 되었다!

의 공산당 대회에서 고르바초프는 소련 경제의 '철저한 개혁'을 주장했다. 일종의 기업 형태인 민간 조합과 개인 사업도 인정되었으며 농장주와 공장주의 자주성을 촉구했다. 그 결과 1만 3,000곳의 민간 조합과 30만 명의 개인 사업자가 탄생했다.

나아가 서방 국가들과의 제휴 및 자본 도입도 추진했다. 소련공산당의 상징이었던 모스크바의 붉은 광장에서 배스킨라빈스 아이스크림이 판매되기 시작했고 맥도날드, 나비스코 등도 소련에 진출했다. 또한 정치범 석방, 스탈린 시대에 숙청당한 사람들의 명예 회복 같은 정치적 자유화도 단행했다. 1988년이자 러시아정교회 1,000주년에는 종교 규제도 대폭 완화되었다.

고르바초프는 미국을 상대로 로비 활동을 벌이며 군축에도 힘을 쏟았다. 소련 경제를 다시 일으키기 위해서는 군사비 삭감이 불가피했기 때문이다. 1985년에는 제네바에서 6년 반 만에 미소 정상회담을 개최했다. 이 자리에서 고르바초프와 미국의 레이건 Ronald Reagan 대통령은 전략 핵무기를 50퍼센트 삭감하는 등의 획기적인 군축 조약에 동의했다. 고르바초프는 아내와 함께 적극적으로 구미 국가들을 방문했으며 웃음 띤 서글서글한 얼굴로 '고르비 붐'을 일으켰다.

또한 고르바초프는 공산주의 국가에 대한 군사 지원과 분쟁 지역을 대상으로 한 파병도 대폭 축소했다. 소련은 그때까지 쿠바 같은 사회주의국가에 수백억 루브르나 되는 돈을 원조했는데, 이를 단계적으로 축소하고 폐지해나갔다. 쿠바의 카스트로Fidel Castro 의장은 소련에 격노했으나 고르바초프는 자력으로 국가를 다시 일으켜 세울 것을 권유했다고 한다. 나아가 1989년에는 아프가니스탄에서 소련군을 모조리 철수시켰다.

그때까지 소련은 세계 각지에서 일어난 분쟁에 끼어들었고, 공산주의 국가가 전복되기라도 할 것 같으면 반드시 군대를 보내 정권을 유지하게 해왔다. 하지만 고르바초프는 거액의 군사 지원과 파병은 소련에는 아무런 이익을 가져오지 않으며 막대한 군사비와 인적 자원을 잃을 뿐이라는 현실을 직시했던 것이다.

그리고 분쟁 지역과 불안정한 사회주의국가가 아니라 인도, 아르헨티나, 멕시코 같은 경제적 보상이 예상되는 지역과의 관계를 강화하기 시작했다.

고르바초프는 여기서 한 발짝 더 나아가서 글라스노스트Glasnost라 일컬어지는 '정보 공개'도 추진했다. 그때까지 베일에 가려져 있던 소련 정부 내의 정보 일부를 국내외에 공개했다.

그러나 이 글라스노스트가 소련과 동유럽의 해체를 급격히 진행시키고 만다. 소련이 서방 국가들에 비해 얼마나 뒤처져 있었는지, 서방 국가들이 얼마나 풍요로우면서도 자유로운가에 대해 공산권에 속한 사람들이 알게 되었기 때문이다.

소련 말기인 1988년의 공산당전국협의회에서는 여러 비참한 상황들이 보고되었다. 주택 할당을 기다리는 사람이 150만 명이었고 유치원과 보육원 대기 아동 또한 150만 명이었다. 젊은 부부 같은 소가족의 주택 충족률은 겨우 15퍼센트였다. 젊은 부부는 새로운 세대를 꾸리는 것이 불가능했으며 어쩔 수 없이 부부가 각자 부모 밑에서 사는 별거 생활을 기약 없이 지속해야 했다. 정원이 600명인 초등학교에 1,500명이 수용되어 3부제로 수업을 진행하는 지역도 있었다. 그러는 한편 공산당 간부의 자제들은 부정 입학으로 고등교육을 받을 수 있었고 연고에 따른 취직과 승진이 버젓이 통용되고 있었다. 글라스노스트를 통해 소련의 어두운 면이 만천하에 드러난 것이다.

1986년, 소련에 커다란 타격을 안긴 사건이 일어난다. 체르노빌 원자력발전소에서 폭발 사고가 난 것이다. 이 뉴스는 얄궂게도 글라스노스트의 영향으로 전 세계에 보도되었다. 당시 서방 국가들은 체르노빌 사고를 소련이 은폐하고 있다며 비난하기도 했으나 글라스노스트 이전과 비교한다면 제법 보도된 것이라 할 수 있겠다. 예전의 소련이었다면 사고 자체를 부정했을지도 모른다.

경제 악화로 인해 동방 진영에 대한 구심력을 잃고 있던 소련은 이 사고를 통해 동유럽 국가들의 신용을 한층 더 잃게 되었다. 이윽고 동유럽 국가들의 반발을 억누를 수 없게 되자 소련은 1988년의

신新베오그라드 선언을 통해 지금까지의 지도적 입장을 포기한다고 발표했다. 이에 동방 진영에 속해 있던 폴란드, 헝가리 등이 공산주의를 포기했다.

1989년 10월 고르바초프가 동독을 방문했을 때, 피폐해진 경제와 동독과 서독의 분단에 불만을 품은 독일 시민들이 대규모 시위를 벌였다. 동독 정부는 혼란을 수습하기 위해 여행 자유화를 발표했다. 거의 자유롭게 서독으로 갈 수 있게 된 것이다. 동독 정부의 결정을 들은 동베를린과 서베를린의 시민들은 이제 이런 건 필요 없다는듯 베를린 장벽을 때려 부숴버렸다.

1991년에는 발트 3국인 에스토니아, 라트비아, 리투아니아가 소비에트연방에서 이탈하여 독립을 선언한다. 발트 3국은 원래 독립국이었는데 제2차 세계대전 중 소련과 나치가 맺은 비밀 협정 때문에 소련에 병합되고 말았다. 그런데 고르바초프 서기장이 페레스트로이카 정책을 취하기 시작했을 무렵부터 독립을 향한 기운이 고조되었다. 고르바초프는 발트 3국의 독립을 필사적으로 저지하고자 했으나 끝내 이루지 못했다.

그 영향이 결국에는 소련까지 파급되었다. 소련이란 애당초 15개국의 공화국이 연방을 이루며 형성된 국가다. 그런데 1988년 이후, 15개국과 자치구가 일제히 '주권'을 주장하고 나서기 시작한 것이다. 1991년 12월, 소련의 중심이라 할 수 있는 국가인 러시아,

백러시아(벨라루스), 우크라이나 3개국의 대표들이 비밀 회담을 열어 소련에서 이탈할 것을 결정한다.

소련은 붕괴되었다. 이렇게 해서 반세기나 가까운 시간동안 전 세계를 분단해왔던 냉전 체제가 종결되었다.

10

달러가 가져다준
미국의 모순

냉전이 끝나고 세계 유일의 초강대국이 태어나다

냉전이 종결되면서 가장 이익을 얻은 나라는 바로 미국이다. 앞서 설명했듯이 미국은 냉전 동안의 군비 증강과 타국 지원금 등으로 재정 압박에 몰려 있었다. 그리고 일본과 서독 등이 경제 부흥에 성공하면서 수출이 원활하지 못하게 되자 그간 누려왔던 경제 패권을 위협당하고 있었다.

하지만 소련이 붕괴함에 따라 미국이 짊어져왔던 여러 경제적 부담이 크게 줄어들었다. 팽팽하게 맞서온 세계 패권에 변동이 생기면서 큰 이익을 보게 되었고, 그중 하나가 서방 진영이었던 국가들에게 강권적으로 실력을 행사할 수 있게 되었다는 것이다. 다른 국가들은 세계 유일의 초강대국으로 자리매김한 미국을 거스르는 행동은 좀처럼 할 수 없게 되었다.

냉전 시기 미국은 자유주의 진영의 맹주로서 횡포를 부렸다는 이미지가 있는데, 실제로는 그렇지도 않았다. 서방 진영 내의 구성원들이 공산주의 진영으로 이탈하지 않도록 주의를 기울여야 했기 때문이다. 서방 진영에 속한 국가들은 이런 상황을 이용해서 하고 싶은 대로 움직였다. 금이 고갈되어 미국이 힘겨워할 때 프랑스나 스페인이 여봐란 듯이 달러를 금과 교환했던 일은 이미 언급한 바 있다.

일본 또한 정치적인 면에서는 미국의 말을 들었지만 경제적인 면에서는 시키는 대로 움직이지 않았다. 미국은 일본에 수출 규제 및 미국 제품의 수입 확대를 수차례 요청했으나 일본은 이를 고분고분 따르지는 않았다. 미국 경제가 악화되어도 모른 척했다. 일본이 버블 시기였던 1980년대, 미국은 불경기가 절정에 달해 있었다. 다시 말해 일본은 미국의 불경기를 강 건너 불구경이라도 하는 듯한 태도로 자국의 호황을 구가했던 것이다. 지금이라면 상상할 수 없는 상황이다.

그러나 냉전이 끝난 후 미국은 서방 동맹국들을 상대로 상당히 까다로운 요구를 하기에 이르렀다. 특히 세계 제2위의 경제 대국으로 부상하며 버블 위에 떠있었던 일본을 더 혹독하게 대했다. 그 전까지는 일본도 미국의 요구를 뿌리치는 것이 가능했으나 소련이 무너지고 미국이 전 세계에서 유일한 초강대국으로 거듭나고 나서는 미국의 요구를 점차 받아들일 수밖에 없게 되었다.

📋 일본이 짊어진 거액의 적자 국채는 미국 탓?

냉전이 종결된 직후 미국은 향후 일본 경제에 중대한 영향을 미치게 될 요구를 한다. 그중 하나가 대규모 점포의 영업 규제 완화다.

당시 일본에는 동네 상점가를 보호하기 위한 대규모소매점포법大規模小売店舗法이라는 법률이 있었다. 대형 슈퍼마켓이 쉽게 영업을 시작하지 못하도록 규제하는 법인데, 미국이 이 규제에 이의를 제기했다.

당시 미국에서 크게 유행했던 대형 완구점인 토이저러스Toysrus는 일본 상륙을 노리고 있었으나 대규모소매점포법으로 일이 복잡해졌다. 그러자 미국 정부가 일본에 압력을 넣어 토이저러스의 진출을 통과시켰다. 그 후로도 미국은 일본의 대규모소매점포법에 계속해서 압력을 가했으며, 2000년에는 끝내 폐지시켰다. 그 결과 일본 전역에 대형 슈퍼마켓이 출현했으며 상점가들은 순식간에 쇠퇴하고 말았다.

일본만 지역 상점가를 보호하기 위해 대형 점포 영업을 규제해왔던 것은 아니다. 유럽 내 대부분의 국가들에는 유사한 규제가 있어서 유럽에서는 지금도 지역 상점가들이 남아 있다. 유럽 여행 경험이 있는 사람이라면 어느 동네에서든 크고 작은 상점가가 있으며 현지 사람들로 붐비는 모습을 보았을 것이다.

상점가는 단지 상점으로서의 역할 외에도 지역 공동체의 일부로 맡고 있는 역할도 있다. 예를 들어 어느 동네에서든 상점가에 웬만한 상품들이 갖추어져 있어서 노인들도 얼마든지 집 근처에서 쇼핑이 가능하다. 그러나 오늘날 일본에는 동네 상점가가 사라져서 생필품 구입에 어려움을 겪고 고립되는 노인들이 다수 증가했다. 그 원인을 찾아 더듬어가면 '미국의 압력'에 다다르게 된다. 미국이 압력을 행사한 것은 이것만이 아니다. 그 외에도 터무니없는 압력을 가하여 일본 경제에 커다란 타격을 입혔다.

현재 일본은 거액의 재정 적자를 끌어안고 있는데, 그 원인 중 하나가 미국이라고 한다면 믿을 수 있겠는가? 그러나 이는 사실이다. 공공연하게 드러내놓고 이야기하지 않을 뿐이지, 정부의 통계 자료나 신문 기사들을 살펴보면 누구나 이해할 사안이다.

1990년에 당시 일본의 수상이었던 가이후 도시키海部俊樹는 미국을 상대로 한 공약으로 "향후 10년간 430조 엔 규모의 공공사업을 추진한다"라고 발표했다. 그 후 무라야마 도미이치村山富市 내각에서 이 공약은 630조 엔으로 상향 수정되었다.

미국은 어째서 이러한 요구를 한 것일까? 일본은 왜 이런 약속을 했을까?

1990년, 일본은 적자 국채 발행 제로를 기록하며 재정 건전화를 달성했다. 당시 선진국들은 재정 적자에 시달리고 있었으며 미국의 재정은 사상 최악의 상황에 이르러 있었다. 반면에 일본은 선진국들 중에서는 재정이 대단히 건전한 국가였다.

미국은 어떻게 해서든 위기에서 벗어나고 싶어 했다. 그래서 재정 형편이 좋은 일본 정부로 하여금 공공사업 분야에서 돈을 뿌려 내수를 확대시키고 더불어 미국의 무역수지를 개선하고자 했던 것이다.

현재 일본이 지고 있는 약 800조 엔의 빚은 이 630조 엔의 공공사업이 원인이다. 일본 정부는 사회보장비가 증대하여 적자 국채가 늘어났다고 변명하고 있으나, 어떤 각도에서 이해해보려 한들 이와 같은 설명은 숫자를 따져 봐도 무리가 있다. 당시 사회보장비는 고작해야 11조 엔 정도였다. 공공사업비는 10년간 630조 엔을 투자했으니 연간 60조 엔 이상이다. 누가 보아도 어느 쪽이 채무의 원인일지는 명확할 것이다.

이 630조 엔은 명백히 이상한 액수다. 일본의 연간 GDP를 아득히 뛰어넘는 액수이며 당시 국가 예산의 10년치, 사회보장비의 50년치 이상이다. 이를 고스란히 공공사업에 쏟아부었으니 채무가 생기지 않는 것이 이상한 법이다.

이 건에 관해서는 일본 정부에도 잘못이 있다. 당시 일본은 무역 흑자는 컸으나 국내 소비가 구미에 비해 적었다. 구미 입장에서는 일본이 다른 나라에 물건을 팔아치우는 주제에 다른 나라 물건을 사지는 않는 국가로 보이는 게 당연하다. 이런 이유로 미국은 공공투자를 늘리고 국가가 주도하여 소비를 늘리도록 주문한 것이다.

이에 일본은 공공투자를 약속하기는 했으나 630조 엔이나 되는 거액을 얼토당토않은 건물이나 시설을 짓거나 쓸데없는 도로를 건설하며 낭비하고 말았다. 이때 돈을 더욱 유효하게 썼더라면 지금과 같이 폐색된 경제사회가 되지는 않았을 것이다. 이를테면 저출산 및 고령화 대책을 위해 대대적인 투자를 단행했다면 현재 수준만큼 저출산과 고령화가 진행되지 않았을 것이며 대기 아동 문제 등도 발생하지 않았을 것이다.

미국이 가한 압력으로 일본의 경제와 재정의 균형이 크게 무너진 것은 틀림없다. 이제 일본은 버블 붕괴를 겪으며 길고긴 침체기에 접어든다.

▤ 달러: 찍어내기만 하면 돈이 되는 종잇조각

냉전이 종결된 후 미국은 달러가 가지고 있었던 기축통화의 지위도 최대한으로 이용한다. 기축통화 덕분에 세계 최대의 채무국이면서 세계의 경제 패권을 단단히 움켜쥘 수 있었던 것이다.

이를 가능하게 한 구조에 대해 살펴보자.

앞서 설명했듯이 닉슨쇼크에 의해 미국의 달러와 금 태환이 정지되었고 미국의 신용은 단번에 떨어졌다. 그런데 한편으로 미국은 달러와 금을 교환해주어야 한다는 의무에서 해방되었다. 즉 '금을 충분히 쌓아놔야 한다', '무역 적자를 더 이상 늘려서는 안 된다' 같은 강박에서도 풀려났다.

게다가 달러와 금 교환을 정지한 후에도 달러는 변함없이 세계 경제의 기축통화로 사용되었다. 금과 교환할 수 없게 되었다고 해서 달러를 대신할 통화가 금세 나타날 리는 없었기 때문이다. 영국의 파운드, 일본의 엔, 독일의 마르크도 달러와 비교하면 신용도 낮았고 범용성도 없었다. 즉 달러는 절대적인 신용이 아니라 '소거법'을 통해 기축통화 지위를 유지했다. 여기에는 석유 거래에 달러가 여전히 쓰이고 있었던 현실도 크게 영향을 주었다.

그리고 달러는 금과 교환할 수 없게 되었음에도 세계의 기축통화 지위를 계속해서 유지할 수 있다는 사실은 미국을 금단의 세계로 끌어들였다.

전 세계 국가들은 무역 결제를 위해 달러가 필요하다. 미국 달러는 가만히 있어도 전 세계 국가들이 계속해서 사들인다. 게다가 미국은 달러를 팔 때 아무런 대가를 주지 않아도 된다. 다른 국가가산 달러 지폐는 금과의 교환이 보증되지 않는, 다시 말해 한낱 종잇조각일 뿐이다. 하지만 무역을 하려면 달러가 필요하므로 전 세계 국가들은 달러를 살 수밖에 없다. 요컨대 미국은 그저 윤전기를 돌려 달러 지폐를 찍어내기만 하면 다른 국가가 이 종잇조각을 사주는 상황이 된 것이다.

처음에 미국은 달러의 신용을 지키기 위해 경상수지와 재정 건전화 등에 신경 썼다. 재정과 경상수지가 적자로 돌아서면 달러 신용을 잃게 되고, 기축통화로서의 지위가 위협당할지도 모르기 때문이다. 그러나 닉슨쇼크로부터 10년도 더 지나고 나서는 그러한 신경조차 쓰지 않게 되었다. 재정과 경상수지 적자는 계속 이어졌으며, 1985년에 이르자 미국은 결국 채무국으로 전락한다.

냉전이 끝난 후 미국은 이 같은 경향에 한층 더 박차를 가했다. 1980년대부터 1990년대에 걸쳐 '쌍둥이 적자'가 미국의 경제 문제로 곧잘 거론되곤 했다. '경상수지 적자'와 '재정 적자'라는 두 종류의 적자가 동시에 발생하는 것이 쌍둥이 적자다. 경상수지 적자란 무역이나 투자같이 국제 거래 총계에서의 적자를 말한다. 재정 적자란 정부 세출을 국가의 세수만으로는 도저히 다 충당하지 못하여 적자가 나는 것을 뜻한다. 즉 미국은 국가 전체의 경제도 적자였으며, 정부도 적자였다는 셈이다. 국가의 경제 상태가 좋았을 턱이 없다.

이 쌍둥이 적자라는 표현은 요즘 들어서는 거의 보이지 않게 됐다. 왜냐하면 쌍둥이 적자는 미국 경제에서 완전히 일반적인 상태로 정착해버렸으며, 뉴스에서 언급되는 일조차 사라지고 말았기 때문이다. 요컨대 미국은 이제 경상수지 적자와 재정 적자를 해결할 마음조차 먹지 않는다는 느낌이 든다.

현재 미국의 대외 채무는 약 7조 5000억 달러다. 엔화로 환산하면 750조 엔 정도 된다. 대외 채무란 쉽게 말해 외국에 진 빚이다. 7조 5000억 달러라는 액수는 세계 최대 규모로, 미국이 전 세계에서 으뜸가는 빚더미 국가라는 뜻이다.

이런 미국이 여전히 세계경제의 중심에 있으며, 기축통화인 달러를 발행하고 있다. 기축통화를 가지고 있다는 이유로 이렇게까지 빚이 불어났어도 파탄 나지 않을 수 있는 것이다. 그래서 미국은 달러가 지닌 기축통화 지위를 필사적으로 지키고자 한다. '달러는 곧 기축통화다'라는 사실은 미국 경제의 생명선이기도 하다.

미국은 달러의 기축통화 지위를 지키기 위해서 전쟁도 불사하게 된다. 바로 그 전쟁 상대는 이라크의 후세인 대통령이었다.

돈이 없어도 경제 패권 장악이 가능하다!

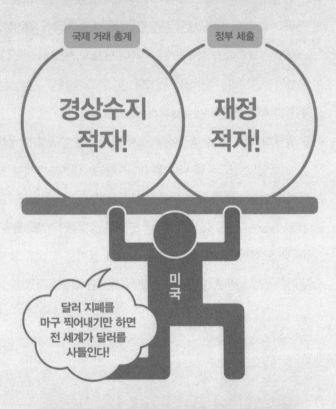

11

이라크,
가장 뜨거운 돈의 전쟁터

🝊 석유 가격 문제에서 시작된 이라크의 쿠웨이트 침공

유럽에서 공산주의 정권이 잇따라 붕괴하고 냉전이 겨우 종결되었을 때, 중동에서 새로운 불씨가 생겨났다. 이라크 문제가 그것이다.

　이라크라 하면 테러가 빈발하며 국토의 상당한 부분이 이슬람국가, 즉 IS에 점령당하는 등 현재 전 세계에서 가장 위험한 지역이라 여겨지고 있다. 그러나 이라크를 에워싼 문제는 냉전이 끝났을 때와 거의 같은 시기에 이미 나타나 있으며 여기에도 '경제'가 크게 얽혀 있다.

　그 경위를 살펴보기 위해서는 이란·이라크전쟁이 종결된 시기로 거슬러 올라가야 한다.

　이란·이라크전쟁이 끝난 1988년, 이라크의 국가 경제는 파탄 직전에 몰려 있었다. 더구나 이라크에서는 젊은 남성 100만 명이 전쟁터에 나갔는데 전쟁이 끝났을 때 그 대부분이 실업자가 되고 말았다. 이라크의 주된 재원은 석유 수입이었으나 전쟁으로 인해 파이프라인은 토막 났고, 재건도 원활히 진행되지 못했다. 이라크는 아랍 국가들로부터 400억 달러를 빚졌기 때문에 얼마 되지 않는 석유 수입도 절반 이상을 부채 상환에 써야 했다.

게다가 당시 석유 가격은 계속해서 하락하고 있었다. 얄궂게도 이란·이라크전쟁이 종결되면서 석유 가격이 안정된 것이다. 전쟁 때는 1배럴당 35달러였던 석유 가격이 전쟁이 끝나자 14달러까지 떨어졌다. 이는 이라크의 재정을 더욱 악화시키는 요인이 되었다.

그럼에도 아랍에서는 OPEC이 할당한 양 이상으로 석유를 수출하는 국가들이 속출했다. 이 규정을 가장 크게 위반한 국가는 쿠웨이트였다.

그때까지 아랍 산유국들 대부분은 원유를 그대로 수출했다. 이는 '석유 원료'를 수출하는 데 지나지 않는다. 석유 정제 등의 작업은 구미 각국이 자국에서 진행했다. 즉 아랍 국가들은 석유 제품의 원료만을 수출하고, 구입한 나라들이 원료를 사용해서 각종 석유 제품을 생산했던 것이다.

그런데 당시 쿠웨이트는 아랍 국가들 가운데에서는 선진적이었으며 유럽 각지에 자비를 들여 석유 정제소를 건설했다. 석유 정제소를 자비로 지으면 '석유 원료'가 아니라 '석유 제품'을 수출할 수 있게 된다. 원료를 수출하는 것이 아닌 공업 제품을 수출하는 것이다. 물론 훨씬 더 많은 이윤이 발생한다. 그래서 쿠웨이트의 재정은 석유 가격 하락에 그다지 영향을 받지 않게 되었고, OPEC 협정에서 정한 기준을 넘어서는 석유를 수출했다.

이라크는 OPEC 회의에서 생산 할당량을 준수하고 가격을 인상할 것을 강하게 주장했다. 가맹국들 대부분은 이라크를 지지했으나 쿠웨이트와 아랍에미리트는 저가격 증산 노선을 펼치며 이라크의 주장에 동조하지 않았다.

당연히, 후세인은 쿠웨이트가 괘씸했다. 이라크는 석유 가격 하락으로 허덕이고 있는데, 이라크와 인접해 있는 소국小國 쿠웨이트는 석유 가격 하락의 원인을 제공하면서 막대한 돈을 벌어들이고 있다. 반면에 쿠웨이트는 쿠웨이트대로 이라크에 140억 달러나 빌려주었으니 '이라크는 우리에게 갚아야 할 은의恩義가 있다'라고 여겼다.

그러나 이라크의 입장은 이와 달랐던 것이, 이란의 이슬람 혁명이 널리 퍼져나가지 못하도록 아랍 국가들을 대표하여 전쟁을 한 것이었으므로 쿠웨이트가 이라크를 지원하는 것은 당연하다고 생각했다.

이라크에는 바로 조금 전까지 전선에 있었던 병사 100만 명과 미국으로부터 사들인 대량의 무기가 있었다. 1990년 7월, 이라크는 쿠웨이트와의 국경에 병력 10만 명을 집결시켰다. 이에 깜짝 놀란 쿠웨이트는 석유 가격 인상에 동의했다.

그러나 이라크의 분노는 사그라지지 않았다. 이라크는 쿠웨이트에 빌렸던 140억 달러를 갚지 않겠다고 선언했다. 덧붙여 상당히 예전 일이었던 영토 문제를 꺼내들고는 그 대가로 100억 달러를 추가로 지원할 것을 요구했다. 이라크의 요구는 점차 거세졌고 급기야 쿠웨이트 자체가 원래 이라크 영토라고 주장하기 시작했다. 주변의 아랍 국가들은 이와 같은 이라크의 주장을 단순한 협박 문구라 여겼다.

하지만……

1990년 8월 2일, 이라크군이 쿠웨이트 침공을 개시했다.

쿠웨이트는 석유 덕분에 풍요로운 나날을 구가하고 있었기는 해도 작은 나라다. 인구는 이라크의 거의 10분의 1이었고, 토지 면적은 20분의 1 이하였다. 반면 이라크는 이란과의 사투를 막 끝낸 참이었고, 보유한 군비도 상당했다. 만일 이라크가 쿠웨이트를 제대로 침공한다면 쿠웨이트는 한시도 버티지 못할 것이었다. 실제로 이라크군은 고작 8시간 만에 쿠웨이트 전역을 점령했으며, 일주일 후에는 후세인 대통령이 쿠웨이트 병합을 선언했다.

⾜ 경제 파트너였던 이라크와 미국은 왜 등을 돌리게 되었나

이라크의 이런 포학으로 인해 서구 및 아랍 국가들의 태반이 이라크를 적으로 돌리게 되었다. 국제사회는 곧바로 이라크에 항의했다. 유엔안전보장이사회는 이라크군의 즉각적인 철수를 요구한다는 결의를 채택했고, 이라크에 대한 경제제제도 발동되어 이라크인의 대외 자산은 모조리 동결되었다.

하지만 후세인 대통령이 아무 계산도 없이 움직였을 리는 없다.

후세인은 쿠웨이트를 침공하기 직전인 7월 25일, 이라크에 주재하던 미국 대사인 글래스피April Glaspie를 불러서 쿠웨이트와의 문제에 관한 의견을 구했다. 글래스피는 "미국은 아랍 국가들 사이의 분쟁에 참견하지 않겠다"라고 확약했다. 또한 취임한 지 얼마 되지 않은 미국의 새 대통령 부시George Bush(아버지 부시)는 "이라크와의 관계가 친밀하기를 바란다"라는 발언을 수차례 했다. 그러한 까닭에 후세인 대통령은 쿠웨이트를 침공해도 미국이나 다른 국가들이 개입하지 않으리라고 판단한 것이다.

이때까지만 해도 미국은 이라크 최대의 무역 상대국이었다. 이란·이라크전쟁이 벌어졌을 때, 그때까지 이라크의 주된 무역 상대국이었던 프랑스와 일본 등의 기업들이 철수했고, 그 자리에 미국이 들어왔다. 전쟁이 끝났을 때만 해도 이라크와 미국은 밀월 상태에 있었다.

당시 이라크는 이란·이라크전쟁에서 쿠르드인 세력에 화학무기를 사용한 것이 국제 문제로 불거진 상황이었고, 소수민족에 대한 박해 같은 인도적인 문제도 끌어안고 있었다. 그러나 미국 정부는 이를 그다지 문제 삼지 않았다. 이러한 것들이 문제시되기 시작한 것은 걸프전 이후 미국과 이라크의 관계가 험악해진 다음의 일이다. 이처럼 미국이 물고 늘어지는 '인도적 문제'란 사실 미국 편의주의에 입각한 측면이 다분하다. 미국 입장에서 당시 이라크는 에너지 전략상 중요한 파트너이기도 했다. 그랬던 까닭에 후세인은 이라크가 주변국과 다소 분쟁을 일으켜도 미국은 참견하지 않을 것이라고 예상했다.

하지만 이는 너무 안이한 계산이었다. 냉전이 한창이던 때였다면 이라크가 쿠웨이트를 침공한다 한들 미국이 거기에 관여할 여유가 없었을지도 모른다. 그러나 당시는 냉전이 종결된 직후였다.

미국은 냉전을 위해 국력을 할애할 필요가 사라진 데다 냉전 때문에 준비해두었던 거대한 군사력이 고스란히 남아 있었다. 팽창 상태에 있던 미군의 각 부대에는 언젠가 폐기될 무기들이 잔뜩 들어차 있었다. 이런 것들은 미국의 이익에 조금이라도 도움이 되도록 쓰여야 했다.

이런 상황을 고려했을 때, 이라크의 쿠웨이트 침공은 아랍에서 미국의 입장을 유리하게 해줄 둘도 없는 '기회'로 다가왔다. 방약

무인한 이라크에 정의의 철퇴를 내리고 쿠웨이트를 구한다면 미국은 쿠웨이트와 이라크의 석유 사업에 지대한 영향력을 행사할 수 있게 된다. 또한 사우디아라비아 등지에 미군을 주둔시킨다면 아랍 전체를 엄중히 감시하고 감독할 수도 있다.

냉전 중에 미국이 이런 움직임을 보였다면 소련이 반드시 방해를 했을 것이었다. 하지만 소련은 붕괴되었고 러시아는 혼란의 절정 속에 있었다. 미국을 방해할 여유 같은 건 없을 터였다. 이런 계산을 모두 마친 미국은 주이라크 미국 대사의 확약을 파기하고 이라크와의 전쟁에 발을 디뎠다.

미국이 쿠웨이트를 해방시키기 위해서는 쿠웨이트, 그리고 이라크와 국경을 맞대고 있는 사우디아라비아에 지상 병력을 진군시켜야 한다. 그러나 사우디아라비아는 이슬람교의 창시자인 무함마드Muhammad가 태어난 땅인 메카가 있는 국가로 이슬람 세계의 성지다. 구미의 군대가 사우디아라비아에 발을 내디딘 적은 단 한 번도 없을 정도다. 미군이 사우디아라비아에 주둔한다면 이슬람 세계의 대대적인 반발을 불러일으킬 우려가 있었다.

이에 미국은 사우디아라비아가 주둔을 요청하는 모양새를 띠고 싶어서 사우디아라비아가 먼저 "이라크의 침공을 중지시켜달라. 우리의 기지를 사용해도 좋으니 이라크를 공격해달라"라는 말을 꺼내게 하기 위해 음으로 양으로 압력을 가했다. 사우디아라비아는 이슬람 세계의 성지라는 지위를 지키고 싶었지만 세계 유일의 초강대국이 된 미국의 압력에는 끝까지 대항할 수 없었다. 게다가 이라크는 쿠웨이트뿐 아니라 사우디아라비아를 침공해올 수도 있었다. 그리하여 사우디아라비아는 결국 미국에 군사 지원을 요청했다. 미국은 사우디아라비아를 거점으로 삼아 이라크를 향한 지상 공격을 개시할 수 있었다.

미국 입장에서 이 걸프전만큼 경제적으로 효율이 좋은 전쟁은 없었다고도 할 수 있다. 냉전 중에 갖추어둔 무기를 그대로 쓰면 되고, 게다가 군비는 일본과 같은 동맹국이 지출하게끔 할 수 있었다. 여기에 아랍 지역에서의 거대한 석유 이권까지 확보할 수 있다.

앞서 설명했듯이 냉전 시기에는 소련 말고도 미국의 경제 또한 피폐해져 있었다. 하지만 이 걸프전을 통해 미국은 완전히 부활했다고 할 수 있겠다.

후세인 정권을 살려둔 미국의 속셈

걸프전이 진행된 구체적인 경위는 다음과 같다.

이라크가 쿠웨이트에서 철수하지 않자 국제사회는 새로운 제재를 결단한다. 군사적 제재가 그것이다. 미국을 중심으로 한 다국적군이 쿠웨이트에서 이라크를 완력으로 몰아내기 위한 계획을 세였다.

이라크군이 이란·이라크전쟁을 통해 10년 가까이 되는 전투 경험을 쌓았다고는 하나 세계 최대의 군사 대국인 미국의 적수는 될 수 없었다. 미국이 중심인 다국적군에게 이라크군을 강제로 해산시키고 이라크의 후세인 정권을 붕괴시키는 것은 일도 아니었다.

유엔안전보장이사회는 이라크에 1991년 1월 15일까지 쿠웨이트에서 철수하라고 경고했으나 이라크는 강경한 자세를 보이며 이 경고를 무시했다. 철수 기한을 이틀 넘긴 1월 17일, 다국적군이 이라크를 공격하기 시작했다. 걸프전이 발발한 것이다.

다국적군은 최신 폭격기인 B-52 및 순항미사일 토마호크 같은 최첨단 병기들을 동원하여 공중에서 폭격을 가했고 이라크의 군사시설을 연이어 파괴했다. 이라크군은 속수무책이었다. 전투 양상은 미국 방송국 CNN을 통해 실시간으로 중계되었으며 마치 텔레비전 게임처럼 미사일이 표적에 명중하는 장면을 전 세계 사람들이 보게 되었다.

1개월가량 공중폭격을 이어간 후, 다국적군은 쿠웨이트에 상륙하여 지상전에 돌입했다. 이라크군은 이미 전의를 상실한 상태였기 때문에 투항하는 자가 속출했고, 결국 2월 27일에는 쿠웨이트에서 철수했다. 이날 미국의 부시 대통령은 정전을 발표했다.

그런데 이때 이라크군의 최정예 부대는 큰 문제 없이 이라크 국내로 돌아왔다. 전쟁에서 지고 쿠웨이트에서는 철수했지만 이라 크군 자체는 결정적인 타격을 입지 않았던 것이다. 미국은 어째서 이때 이라크군을 철저히 무너뜨리지 않았던 것일까?

걸프전이 종결되던 때, 이라크에서는 쿠르드인과 이슬람교 시아 파에 의한 폭동이 일어나 이라크군이 무력으로 진압하는 사태가 벌어지고 있었다. 다국적군이 이라크 정세에 개입하려고 마음먹 었다면 불가능하지는 않았다. 쿠르드인과 시아파 등도 반쯤은 다 국적군과 미국의 지원에 의지하여 폭동을 일으켰던 것이다.

이 '기회'를 앞에 두고서 미국이 왜 움직이지 않았는가 하면, 여 기에는 당시 미국의 중동 전략이 연관되어 있다. 앞서 설명한 것처 럼 이라크가 쿠웨이트를 침공하기 직전까지 미국은 이라크를 지 원하여 이란을 견제했다. 미국은 이란을 중동의 암이라 여기고 있 었는데 섣불리 후세인 정권을 무너뜨려 시아파가 이라크에 정권 을 세운다면 또 하나의 '이란'이 생겨나게 될지도 모른다. 미국은 그러한 상황만큼은 피하고 싶었다. 즉, 이 대목에서 이라크에 생색 을 넘으로써 앞으로도 미국의 충실한 개로 지내기를 바란 것이다.

그러나 후세인 대통령도 보통내기는 아니었으므로 미국의 뜻대 로 움직여주지는 않았다. 걸프전으로 한을 품은 후세인 대통령은 그 후 반미 색채를 명확히 드러냈다.

📋 미국 경제의 역린을 건드린 후세인

걸프전이 끝나고 12년이 지난 후, 2003년 미국과 영국 등의 연합군이 이라크를 상대로 전쟁을 일으켰다. 프랑스, 러시아 등의 유엔 안전보장이사회 구성원들을 비롯해 독일과 중국 등 세계 각국이 이의를 제기했음에도 개의치 않았다.

걸프전 후 이라크는 경제제재를 받았으며 국내 상황은 불안정하기 이를 데 없었다. 이라크가 다른 국가를 재차 침공하거나 테러를 지원할 여유 같은 건 있지도 않았다. 그러나 미국은 "이라크는 대량살상무기를 보유하고 있다"라며 전쟁을 시작한다. 결국 대량살상무기는 발견되지 않았고, 이라크에 대량살상무기가 없었다는 사실을 미국 정부가 처음부터 알고 있었던 게 아니냐는 의혹도 제기되는 등 지금까지도 이라크 전쟁에 대해서는 고개를 갸웃거릴 수밖에 없는 면이 많다.

게다가 미국이 이라크 전쟁을 시작하면서 전쟁의 명분으로 이라크와 알카에다Al-Qaeda의 관계를 거론했는데 이 역시 근거가 없는 것이었다. 2008년 3월, 미국의 방송국인 ABC는 미군이 "후세인 정권과 알카에다는 관계가 없었다"라는 보고서를 작성했다고 보도했다.

이는 일반적으로 생각해보면 처음부터 상상 가능한 일이었다. 알카에다의 결성 목적 중 하나가 후세인 정권의 쿠웨이트 침공에 강하게 반대하는 동시에 미국에 기대지 말고 아랍 의용군으로 아랍을 지키자는 것이었다. 그러므로 알카에다와 후세인을 한데 엮어서 생각하는 것은 애당초 이상한 일이다.

중동 정세에 조금이라도 밝은 사람이라면 이 오류를 쉽게 알아챘을 것이다. 물론 미국도 이를 몰랐을 리가 없다. 정확하게 말하자면 알고 있었으면서도 이라크와 알카에다를 고의로 엮어 이라크를 때려눕힐 억지 핑곗거리로 삼았던 것이리라 보인다.

이렇게 보면 앞뒤가 맞지 않는 이라크 전쟁도 경제적인 면을 들여다보면 전쟁을 벌인 이유가 읽힌다.

2000년 11월, 후세인 대통령은 석유 거래 수단을 달러에서 유로로 변경했다. 이는 미국에 크나큰 타격이다. 제2차 세계대전 이후 중동의 석유 거래는 달러로 치르는 것이 암묵적인 룰로 자리잡고 있었다. 중동의 왕국이 민주화 없이도 살아남았던 데는 미국과의 밀약이 존재했기 때문이다. 즉 석유 거래를 달러로 치르는 대신 미국은 중동을 공격하지 않고 중동 국가들을 위협하는 세력이 있다면 미국이 보호했다. 그리고 미국 달러는 석유 거래를 도맡아 국제 기축통화로서의 지위를 확고히 다져왔다. 그러나 후세인 대통령은 이 암묵적인 룰을 깨고 유로 거래를 시작해 미국의 꼬리를 밟았던 것이다.

당시 이라크는 경제제재 때문에 수출입이 제한되어 있었지만 인도 물자에 한해 수입이 허락되었으며, 그에 걸맞은 양만큼 석유 수출이 가능했다. 이 석유 거래를 유로로 치른 곳은 프랑스와 러시아의 석유 회사였다. 당시 이라크는 미국과 영국 외의 구미 국가들과는 비교적 좋은 관계를 유지하고 있었다.

수차례 언급한 것처럼 미국의 달러라는 존재는 대단히 취약한 기반 위에 놓여 있다. 미국 경제는 거액의 무역 적자를 끌어안고 있으므로, 엄밀히 말해 언제 파탄 나도 이상하지 않을 수준이다. 그러나 미국의 달러는 세계 기축통화이기 때문에 달러 지폐를 찍어내기만 한다면 세계 각국이 사들인다. 그렇게 해서 미국 경제는 붕괴를 면해왔다. 따라서 미국은 달러가 지닌 기축통화의 지위를 절대로 지켜야만 했다.

이라크의 유로 거래는 그와 같은 미국의 역린을 건드리는 것이었다. 신용이 약한 달러를 꺼리는 마음에 이라크를 따라 유로로 거래하는 산유국들이 계속해서 생겨날지도 모른다. 미국이 이라크를 공격할 필요성은 여기에서 비롯된 것이다.

미국은 이라크 전쟁을 통해 후세인 정권이 붕괴하자 곧바로 이라크의 석유 거래 수단을 달러로 되돌렸다. 전쟁이란 대개 이권이 얽히기 마련이다. 순수하고도 도덕적인 대의만으로 치러지는 전쟁은 거의 없다. 이라크 전쟁도 예외는 아니었다.

이라크 전쟁에서 미국이 치른 대가도 컸다. 2003년 3월에 이라크 전쟁이 시작된 후, 이라크에는 12만 명에서 15만 명 규모의 미군이 줄곧 주둔해왔다. 2007년에는 일시적으로 17만 명까지 규모가 커지기도 했다. 미군의 주둔에 대한 이라크 국민들의 불만이 높았던 것은 물론이다. 또한 2008년을 기준으로 이라크에서 사망한 미군 병사는 전쟁이 시작된 이래 4,000명을 넘어섰다. 이 숫자는 미국 9·11 테러 사건으로 인한 피해에 필적하는 규모다. 미국 입장에서는 베트남전쟁 이후 최대 규모의 전쟁이었던 셈이다.

이라크와 미국 정부는 미군 주둔 협정을 체결하고 2008년에 미군이 철수하는 일정을 정했다. 오바마Barack Obama 정부는 병력을 아프가니스탄으로 이동시켜야 했으므로 2009년 6월 말까지 이라크 도심부에서 교외에 위치한 기지로 전투부대를 철수시켰고, 9월 말까지 1만 2,000명의 전투부대를 이라크에서 철수시켰다. 2010년 8월, 미군은 이라크에서의 전투 임무를 종료했고, 2011년 말 치안 부대까지 포함하여 이라크에서 완전히 철수했다.

그러나 2009년 6월 미군 철수에 맞춰 이라크 수도인 바그다드 등지에서 폭탄 테러가 격화되었으며 일주일 동안 약 200명이 희생되는 사태도 벌어졌다. 2009년 8월에는 정부 청사를 노린 테러가 여럿 발생하여 약 100명의 희생자가 나왔다. 이는 구 후세인 정권의 지지 기반이었던 바스당al-Ba'th이 꾸민 일로 보인다. 바스당 일부가 이웃한 시리아에 잠복하여 이라크 내에서의 테러에 관여했다고 추측하고 있다.

이라크는 이슬람교 시아파, 수니파, 쿠르드인 등 다양한 민족과 종교가 혼재된 국가다. 이라크 전쟁 전에는 나름대로 안정적인 치안 상태를 유지하고 있었으나, 전쟁 후에는 후세인 정권이라는 강력한 권력이 사라졌기 때문에 각지에 있는 세력의 불만이 분출했고 테러나 충돌을 되풀이하고 있다. 이라크는 전 세계에서 가장 위험한 국가가 되고 말았다.

그리고 후세인의 잔당들은 끝내 자신들의 국가를 세우기에 이른다. 그것이 현재 세계 최대의 테러 조직이라 간주되는 'IS'다.

후세인의 잔당이 만든 IS의 대두

2014년, 시리아와 이라크의 국경 지역에 갑자기 IS가 출현했다. IS는 독립국가임을 자칭하며 독립을 선언했으나 이를 승인한 국가는 아직 없다.

세간에서는 처형 영상을 인터넷에 공개하는 등의 IS가 가진 잔학한 면만이 거론되곤 한다. 또한 전 세계 대다수 언론은 정신 나간 소리를 늘어놓는 이슬람원리주의자 집단이라는 견해를 취하고 있다.

하지만 그렇다고 하기에는 세력이 수그러들 기미가 전혀 없다. 수도를 시리아의 락까에 두고, 이라크 제2의 도시인 모술도 장악했다. 미국, 러시아, 프랑스, 독일 등 쟁쟁한 강국들이 펼친 공습에도 아랑곳하지 않고, 일본 홋카이도와 비슷한 면적의 땅을 차지하고 1000만 명 가까운 사람들을 지배하에 두고 있다고 한다.

IS는 탄탄한 수입원을 확보하고 있는 것으로 보인다. 시리아와 이라크의 유전 몇 곳을 장악하여 석유를 밀수출하고 이를 재원으로 삼아 군사비를 충당하는 것이다. 게다가 IS는 테러 집단 치고는 너무나도 능수능란하게 국가 체제를 이룩했다. 국가 시스템도 견고하고, 중앙 부처 같은 조직 일곱 개를 두었으며, 각 부처에는 수십 명의 전문 직원이 근무하고 있다. 컴퓨터 기술자나 프로그래머들도 상당히 많다. IS가 인터넷과 SNS를 활용해 홍보 활동을 벌이는 것은 잘 알려진 바, 이를 위한 인재들이 확보되었기 때문에 가능한 일이다. IS 내에는 무기 공장, 상점, 시장 등은 말할 것도 없으며 학교, 병원, 은행 등까지 갖춘 지역이 있다. 수도, 전기 같은 인프라도 상당히 정비되어 있다고 한다. IS는 여성의 권리나 교육을 인정하지 않는다는 이미지가 있는데, 여성도 교육을 받을 수 있게 되어 있어서 이과 계통의 여자대학도 있다고 한다.

IS는 어째서 이렇게까지 재빨리 국가 체제를 이룩할 수 있었을까?

사실 IS는 후세인 대통령 시절의 이라크에서 중추 역할을 했던 집단이 만든 조직이다. IS의 지도자 중에는 후세인 시절의 이라크군 간부가 다수 포진되어 있다는 것은 잘 알려져 있다. IS 최고 지도자인 아부 바크르 알바그다디Abu Bakr al-Baghdadi는 이라크 출신으로, 한때 바스당에서 활동했다는 정보가 있다. 바스당은 아랍민족주의를 취지로 하는 정당으로 후세인 대통령의 권력 기반이기도 했다.

아부 바크르 알바그다디 아래에 이라크 점령 지역과 시리아 점령 지역을 각각 통치하는 수상 역할을 하는 사람이 둘 있다. 이라크 쪽 수상을 맡은 아부 무슬림 알투르크마니Abu muslim al-Turkmani는 이라크 정보기관에서 중령으로 재직했고, 시리아 쪽 수상을 맡은 아부 알리 알안바리Abu Ali al-Anbari는 이라크군 사령관이었다. 아부 무슬림 알투르크마니는 미군 공격으로 사망했다고 알려져 있으며, 아부 알리 알안바리 역시 미군 공격으로 현재 행방불명되었다. 이 외에도 전직 이라크 군인과 관료 다수가 IS의 중추를 차지하고 있는 것으로 보인다.

이라크 전쟁으로 후세인 정권이 무너진 후, 이라크에서는 전 후세인 정권의 요인들 다수가 추방당하거나 자리에서 쫓겨났다. 또한 후세인 대통령이 속해 있었던 수니파는 새로운 이라크 정권으로부터 쓰라린 박해를 겪었다. 이 후세인 정권의 간부들과 수니파 주민들이 중심이 되어 세운 것이 IS인 것이다.

IS는 세계 각지의 테러와 간접적으로 관계되어 있으며, 포로와 외국인들을 처형하고, 점령지의 여성과 아이들을 매매하는 등 막심한 인권 침해를 자행하고 있다. 이에 대해 국제사회가 강하게 비난해야 함은 두말할 나위도 없다.

그러나 IS를 탄생하게 한 것은 이라크 전쟁이며 미국이라는 사실을 외면해서는 안 된다. 미국의 이권을 지키기 위한 전쟁이 결과적으로 전 세계를 테러의 공포로 몰아넣은 셈이다.[10]

---

10) IS는 2017년 7월 이라크 모술을 시작으로 시리아 락까, 알부카말 등에서 차례로 쫓겨났으며 거의 모든 도시 거점을 상실했다. 2017년 11월 현재 "이라크, 시리아 내 영토의 95퍼센트를 잃었다"고도 한다. 이에 IS는 소규모 테러 집단으로 변모할 것이라 간주되고 있다.

EU 출범!
유로에 숨겨진 야망

🪙 EU의 탄생: 미국의 경제 패권을 위협하게 될 것인가

1993년, EU가 탄생했다. EU에는 현재 독일과 프랑스, 이탈리아 등 유럽 28개국이 회원국으로 가입되어 있다.

이 조직은 통화를 통합하는 데 그치지 않는다. 획기적인 시책들을 잇달아 내놓아 이대로라면 유럽 내 국경이 사라져 하나의 국가로 통합될지도 모르겠다는 생각이 들 만큼의 기세를 보여주고 있다.

현재 이미 실행 중인 EU의 주된 시책들은 다음과 같다.

- 각 회원국 내에서는 유로라는 공통 통화가 사용된다.
  : EU 내에서는 환율 변동 리스크를 부담할 일이 사라졌으며

한 국가가 경제 위기에 맞닥뜨렸을 때 통화 위기가 발생할 가능성도 줄어들었다.

• 회원국 간의 여행과 이주가 자유롭다.

: 회원국 국민은 EU 내에서라면 어디로든 갈 수 있으며, 거주 또한 가능하다. 아울러 제3국에서 온 여행자도 EU 내 어느 한 국가의 입국 심사를 통과했다면 그 후로는 별도의 심사 절차를 거치지 않고 EU 내 이동이 가능하다.

• EU 내 시장은 자유화되었다.

: EU 내에서는 하나의 국가처럼 관세 없이 상품 유통이 가능해졌으므로, EU 내의 누구나 저렴하고 좋은 상품을 구입할 수 있게 되었다.

• 노동자에게 이동의 자유가 보장된다.

: EU 회원국 국민은 EU 어디에서든 일할 수 있다. 노동력이 부족한 국가는 실업자가 많은 국가에서 노동력 공급을 받을 수 있으며, 노동자는 일자리를 잃을 경우 취직을 위해 다른 국가로 넘어갈 수 있다.

• 회원국 국민은 기본적인 인권 보호와 복지를 누릴 수 있다.

: EU 회원국 국민은 어떤 국가에 있더라도 기본적인 인권을 보장받을 수 있다. 또한 어느 국가로 이주해도 해당 국가의 국민과 같은 수준의 복지를 누릴 수 있다.

이러한 것들을 보고 있노라면 EU는 하나의 국가나 다름없는 것 같다. 사람과 물자의 출입이 자유롭다면 국경이 없는 것과 마찬가지다. 실로 획기적인 시스템이다.

만일 EU가 진정 하나의 국가가 되어버린다면 미국에 필적할 만한 경제 규모를 지닌 경제 대국이 될 것이다. 미국이 쥔 경제 패권의 지위를 위협할 존재로 거듭날 것이 틀림없다.

EU의 전신은 1952년까지 거슬러 올라간다. 이 해에 프랑스와 서독, 이탈리아, 벨기에, 네덜란드, 룩셈부르크 이렇게 여섯 개국이 석탄과 철강을 공동으로 관리하는 유럽석탄철강공동체ECSC를 설립했다. ECSC를 설립한 이유는 석탄과 철강은 전쟁에 쓰이는 물자이므로 이를 공동으로 관리하면 전쟁을 방지할 수 있으리라는 계산에서였다. 특히 독일의 움직임을 관리할 요량이었다.

그 후 1958년에는 유럽경제공동체EEC로 발전했다. 이때 영국도 가입을 검토했으나, 미국이나 영국연방과 결속이 강해서 '유럽 연대'에는 적극적으로 나서지 않았다는 이유로 불발되었다. 1967년에는 유럽공동체EC를 창설하는 등 조금씩 통합을 확대해나갔다. 그리고 우여곡절을 겪으면서도 2002년에는 마침내 통화까지도 통합한 것이다.

EU는 프랑스와 독일을 중심으로 추진되었다. 이는 EU 창설이 성공하는 데 커다란 요인으로 작용했다고 할 수 있다. 프랑스와 독일이 손을 잡고 대대적인 통합을 시도하는 것 자체가 예전 관계로 미루어봤을 때 '기적'이라고도 할 수 있을 정도의 일이다. 근대 유럽은 때때로 대규모 전쟁에 휩쓸렸는데, 대부분은 프랑스와 독일의 사이가 나빴던 것이 원인 중 하나였기 때문이다.

프랑스와 독일은 현재의 국가 형태가 형성된 18세기 이후 여러 차례 전쟁을 벌였다. 그중 주된 것들만 꼽아도 나폴레옹전쟁, 보불전쟁, 제1차 세계대전, 제2차 세계대전 등이다. 작은 규모의 충돌까지 포함하면 이루 다 헤아릴 수 없을 정도다.

프랑스와 독일은 국가의 크기, 인구 모두 거의 호각을 이룬다. 프랑스는 가톨릭교도가 많고, 독일은 프로테스탄트 교도가 많다는 종교적인 차이도 있다. 그러한 까닭에 양국은 사사건건 대립해 왔다. 바로 그 프랑스와 독일이 힘을 합하여 하나의 구역을 건설하고자 했다는 것만으로도 대단히 획기적인 사건이다.

🗒 다시 패권을 쥐고 싶었던 프랑스

왜 프랑스와 독일은 한편이 된 것일까? 여기에는 제2차 세계대전 후의 복잡한 경제 정세가 큰 영향을 미쳤다.

EU를 최초로 제의한 사람은 프랑스의 외무장관 로베르 슈만 Robert Schuman이다. 더 정확히 말하자면 제2차 세계대전 직후에 영국의 윈스턴 처칠Winston Churchill 수상이 야심차게 유럽공동체에 대한 구상을 내놓은 적은 있다. 하지만 이는 '미래의 꿈'이라는 범주에서 벗어나지 못했으며, 영국 자체가 영국연방과 미국의 결속을 깨고 유럽과 하나가 되려는 각오를 보이지 않았기 때문에 흐지부지되었다. 프랑스의 슈만 외무장관은 이 유럽공동체에 대한 구상을 현실적으로 제언한 것이다.

제2차 세계대전 후 프랑스는 국제사회 안에서 지위가 낮아진 것을 고민거리로 여겼다. 일본인에게 프랑스라 하면 '우아한 멋쟁이'인 국가라는 이미지가 있는데, 한때는 영국과 더불어 제국주의 세력의 중심이었으며 영국에 이어 세계 2위 규모의 식민지를 보유한 '흉포한 제국주의 국가'였다. 물론 경제 대국이기도 했다.

18세기부터 19세기에 걸쳐 프랑스는 국제적으로 강한 힘을 지니고 있었다. 미국이 영국을 상대로 독립 전쟁을 벌였을 때, 미국을 지원한 국가가 바로 프랑스다. 당시 영국에 대항 가능했던 국가는 프랑스 말고는 딱히 없었다.

대국으로서 프랑스가 지녔던 자존심 또한 남다른 수준이었으나 제2차 세계대전 후 프랑스는 자존심에 지독한 상처를 입었다. 미국의 지원 없이는 국가를 부흥시키기가 불가능했던 것이다. 자긍심 높았던 프랑스 입장에서는 타국의 경제 지원을 바라는 일이 몹시 굴욕적이었다.

또한 동쪽에서는 소련이 급격히 발흥하여 동유럽 전체를 소련의 세력권 아래에 두었다. 이대로라면 프랑스를 비롯한 서유럽의 지위는 낮아지기만 할 것이었다.

이런 상황 때문에 원수지간이었던 독일과 손을 잡은 것이다. 당시 독일은 서유럽에서 압도적인 1위 수준의 공업력을 지니고 있다. 독일과 프랑스가 힘을 합한다면 미국과 소련에 대항 가능한 세력을 형성할 수 있으리라고 여겼다는 뜻이다.

🎐 전쟁 끝에 동과 서로 나뉘어진 독일

독일 쪽에도 프랑스와 손을 잡고 공동체를 창설하고 싶어 할 동기는 차고 넘치게 있었다.

제2차 세계대전이 끝난 후 독일은 프랑스 이상으로 굴욕을 맛보았다. 독일은 패전국이었으니 필연적인 것이기도 했지만 말이다. 1945년 초, 드디어 독일의 항복이 가시화되었을 때 영국과 미국 그리고 소련은 독일 점령에 관해 협의했다. 이것이 얄타회담이다. 이 회담을 통해 전후 독일은 영국·미국·프랑스·소련 4개국이 분할 점령하기로 결정했다.

그러나 제2차 세계대전이 끝나자 소련과 다른 연합국들과의 관계가 틀어졌기 때문에 영국·미국·프랑스·소련에 점령당했던 독일은 그 여파를 직접적으로 받게 된다. 소련이 점령했던 지역이 동독으로, 영국·미국·프랑스가 점령한 지역이 서독으로 나뉘고 만 것이다. 이것만으로도 충분히 굴욕적인데 수도 베를린마저 비지飛地가 되어버렸다.

알타회담에서 정해진 대로 독일의 수도였던 베를린 또한 4개국이 분할 점령하기로 되어 있었다. 베를린은 소련이 점령한 동독 지역 안에 있었지만 영국·미국·프랑스도 주둔해 있었다. 그리하여 영국·미국·프랑스의 베를린 점령 지역이 동독 안에서 고립되고 말았다. 이 상황은 갖가지 혼란을 일으키게 되었다.

동독과 소련 입장에서는 자국령 내에 영국·미국·프랑스의 점령지가 있다는 사실이 달갑지 않았다. 그래서 동독과 소련은 베를린의 영국·미국·프랑스 점령 지역을 봉쇄하고 영국·미국·프랑스를 내쫓으려고 했다. 1948년, 서독에서 베를린으로 들어오는 차량과 화차貨車는 모두 검사하겠다면서 물자 유통을 중지해버린 것이다.

그러나 베를린을 떠나면 영국·미국·프랑스의 체면이 서지 않는다. 서베를린에는 수많은 시민들이 살고 있었고, 그들을 내버려둔다면 전 세계로부터 비난이 쏟아질 것이다. 이에 영국·미국·프랑스는 주민들에게 필요한 생활 물자를 항공기로 실어 날랐다. 그들은 서베를린을 외면하지 않았다.

이 무렵까지는 아직 베를린에 장벽이 세워지지는 않아서 베를린 시민들은 동쪽과 서쪽을 자유로이 오갈 수 있었다. 그러나 동서

유럽의 냉전이 격화됨에 따라 더는 그럴 수 없게 되었다. 베를린이 공산 국가에서 서방국가로 넘어가기에 알맞은 망명 루트가 되었기 때문이다.

서베를린은 동독에 있으면서 서방국가들이 관리하는 지역이다. 동독 사람들이 서독으로 망명하고자 할 때는 서베를린으로 가기만 하면 됐다. 1949년부터 1960년 사이에 250만 명의 동독 국민들이 서독으로 망명했다. 이는 동독 국민의 무려 4분의 1 규모에 해당한다. 이 문제는 동독 입장에서 사활을 건 문제로 부상했다. 이대로 방치한다면 동독에는 국민이 하나도 남지 않게 될 수도 있다. 그리하여 1961년 8월, 서베를린을 장벽으로 빙 둘러싸서 망명이 불가능하도록 만들었다. 이렇게 하여 탄생한 것이 '베를린장벽'이다.

베를린장벽이 생겨난 이후, 매년 동독에서 서독으로 향하는 망명자 수는 10분의 1 이하로 떨어졌다. 그러나 애당초 하나였던 도시가 갑자기 둘로 쪼개진 것이었으므로 그 폐해는 심각했다. 가족과 친족이 동서로 갈리는 일 같은 사태는 부지기수였다. 베를린장벽은 냉전의 상징임과 동시에 전후 독일인들의 고뇌를 상징하는 것이기도 했다.

앞서 설명했듯 전후 서독은 필사적으로 국가를 부흥시켰으며 기적적인 경제성장을 이룩했다. 그러나 1년 365일 미국의 심기를 살펴야만 하는 처지이기도 했다. 게다가 독일은 동서로 갈라진 국가 분단, 베를린 비지와 더불어 또 하나의 커다란 굴욕을 감내해야 했다.

바로 루르공업지역을 연합국이 관리하게 된 것이다.

루르공업지역은 추정 매장량만 2200억 톤에 달하는 석탄 광산을 중심으로 형성된 서유럽 최대의 중공업 지역인데, 제2차 세계대전 후 연합국과 독일 주변국(영국, 미국, 프랑스, 벨기에, 네덜란드, 룩셈부르크)이 공동으로 관리하게 되었다. 루르공업지역은 독일의 국력과 군사력의 원천이었으므로 독일이 군사 대국이 되는 일이 두 번 다시 발생하지 않도록 주변 국가들이 관리하겠다는 의도였다.

독일 국민들은 이 같은 결정이 달가울 리 없었고, 독일 경제 발전에 매우 크나큰 걸림돌로 작용했다. 그러던 차에 프랑스가 ECSC를 설립해 가입 국가의 철강업과 석탄업을 통합하고 독일의 루르공업지역을 공동으로 관리하자고 제안했다.

독일 입장에서는 루르공업지역을 영국과 미국 중심으로 관리하는 것보다는 프랑스 같은 주변국들이 관리하는 편이 나았다. 게다가 이 여섯 개국은 독일의 루르공업지역만 관리할 뿐 아니라 참여한 나라 전체의 철강과 석탄업도 공동으로 관리한다. 독일이 단독으로 나서서 이 안건을 제시하는 것이 아니라 참여국 전체의 의견이 수렴되는 형태이니 독일로서도 나쁜 이야기는 아니었다.

그리하여 ECSC가 설립되었고, 영국과 미국은 루르공업지역 관리에서 손을 떼게 되었다. 프랑스와 독일이 우리 힘으로 공동 관리하겠다고 한 만큼 영국과 미국이 관여할 도리가 사라져 손을 뗄 수밖에 없었던 것이다. 프랑스와 독일 입장에서 보자면 미국의 경제 지배로부터 한 발짝 빠져나온 셈이다.

유로 도입을 이끈 야심

EU는 2002년에 공통 통화인 유로를 도입했다. 이때 일본은 '유럽은 이제 돈의 단위가 하나로 통일되는 건가……' 정도의 인상만 받았을 뿐이었지만 이는 사실 엄청난 '혁명'이다.

독일과 프랑스에는 이 유로를 미국의 달러 대신 기축통화로 삼으려는 야심이 있었다. 달러는 닉슨쇼크 이래 금과의 교환이 중지되어 있으나 여전히 세계의 기축통화로 통용됐다. 미국은 무역 적자와 재정 적자가 계속되고 있는 세계 최대의 대외 부채 국가이기도 하다. 그와 같은 적자 대국의 통화가 세계의 기축통화로 자리매김하고 있다는 것은 부자연스러운 구석도 있다. 적자 대국의 통화를 국제무역의 결제 수단으로 쓴다면 통화 가치에 문제가 생기지는 않을지에 대한 우려도 발생한다.

미국 바깥에서는 달러 이외의 기축통화가 있어야 한다는 목소리도 있었다. 특히 유럽 국가들은 애당초 우리가 미국의 '선배'라는 자부심도 있었으며, 적자 국가인 미국의 달러를 언제까지고 계속해서 써야 하는 상황을 흔쾌하게 여기지 않았다. 독일과 프랑스에는 유로를 도입하여 유럽 전체의 통화로 삼는다면 통화로서의 국제적인 신용도 얻고 미국이 차지하고 있는 국제경제에 대한 발언권도 가져올 수 있을 것이라는 독장수셈이 있었으리라.

실제로 유로가 도입되자 외화준비로 유로를 사용하는 국가가 늘어났다. 유로가 도입된 후 세계 각국의 외국자본 유치에서 유로 비율은 1999년에는 17.9퍼센트였던 것이 2009년에는 27.6퍼센트까지 증가했다. 반대로 미국 달러는 1999년에는 71.0퍼센트였으나, 2009년에는 62.1퍼센트까지 떨어졌다. 이대로 유로의 점유율이 더욱 커진다면 미국의 달러를 대신해 세계의 기축통화 자리를 차지할지도 모른다는 분위기도 형성되어갔다.

그러나 EU와 유로에는 커다란 약점이 몇 가지 있었다. 그중 하나는 영국이 어정쩡한 형태로 가입했다는 점이다.

지금까지 설명한 것처럼 EU는 프랑스와 독일을 중심으로 추진되어왔다. EU의 전신인 ECSC에 영국은 참여하지 않았고, 그러한 까닭에 영국은 1973년 EU에 가입했으나 적극적이지는 않았다. EU의 공통 통화인 유로가 탄생했을 때도 유로를 도입하지 않고 자국 통화인 파운드를 썼다. 이는 유로의 신용에도 영향을 끼쳤다.

설상가상으로 2016년, 영국은 국민투표를 통해 EU에서 이탈할 것을 결정했다. 영국은 EU 안에서 독일에 버금가는 경제 규모를 지니고 있는데 이런 영국이 이탈했다는 것은 EU로서는 커다란 타격임에 틀림없다.

EU가 가진 또 하나의 약점은 EU 내에서의 국가간 격차가 크다는 사실이다. EU 내에는 경제 기반이 약한 국가도 있는데 그런 국가들의 경제적 약점까지 감싸주어야 한다. 이 약점이 현저히 드러난 사례가 그리스 위기다. 그리스는 독일, 프랑스 등과 비교했을 때 경제 기반이 훨씬 약했는데, EU에 가입하여 유로를 도입함으로써 국제적인 신용을 얻었다. 이 신용을 이용하여 과도하게 국채를 발행하다가 국가가 파탄 직전으로 내몰리고 말았다.

EU는 그리스 위기를 EU 내에서 대처하는 데 실패했고, 국제통화기금IMF에 도움을 요청했다. '국제통화기금'이라는 명칭이 붙어 있기는 하나 미국이 최대 출자국으로, 미국이 중심인 기관이다. 그래서 IMF 의결에 관해서는 회원국 중 미국만이 거부권을 행사할 수 있다. IMF에 의지했다는 사실은 곧 미국에 의지했다는 것과 거의 마찬가지다. 요컨대 EU는 EU 내의 위기를 끝까지 대응하지 못했고 미국에 조력을 구했다. 이래서는 미국 달러를 대신하여 기축통화의 지위를 빼앗아오는 일 따위는 아직 갈 길이 멀었다는 뜻이리라.

실제로 그리스 위기 이후로 세계의 외화준비에서 유로의 점유

율은 하락했다. 2016년 현재, 유로 비율은 20퍼센트 전후로 떨어
졌으며 반대로 달러 비율은 64퍼센트 전후로 회복되었다.

EU는 앞으로 어떻게 될 것인가?

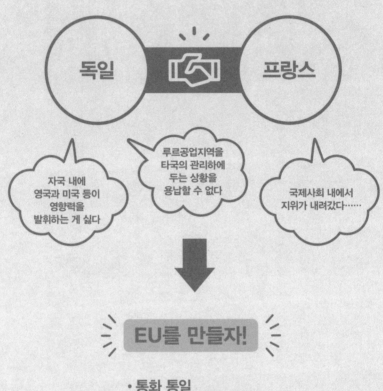

독일 🤝 프랑스

자국 내에 영국과 미국 등이 영향력을 발휘하는 게 싫다

루르공업지역을 타국의 관리하에 두는 상황을 용납할 수 없다

국제사회 내에서 지위가 내려갔다……

EU를 만들자!

- 통화 통일
- 여행·이주의 자유
- 노동자의 이동의 자유
- 시장 자유화…… 등

다만 EU 내에서의 격차,
유로 가치의 하락 같은 과제 존재

13

빚더미 국가 미국 vs 떠오르는 경제 대국 중국

🪙 미국을 위협하는 국가, 중국

냉전 후 세계의 경제 구도는 미국의 독무대와도 같은 양상을 띠었다. 그러나 미국을 위협하는 국가가 금세 나타났다. 바로 중국이다.

냉전이 종결될 시점을 가늠하기라도 한 듯 중국 경제는 급격히 성장했다. 1996년 중국은 일본에 이어 세계 제2위의 외화준비보유국이 되었다. 이 거액의 외화는 주로 미국의 국채를 구입하는 데 쓰였다. 또한 2002년에는 세계 4위, 2003년에는 세계 3위의 무역 대국이 된다. 현재는 압도적인 무역 대국이며 GDP로는 미국 다음인 세계 2위다. 실질적인 경제력은 이미 미국을 제쳤다고 말하는 이들도 있다.

GDP는 국가 경제 규모를 나타내는 것인데, 어느 한 국가의 경제력을 논할 때는 '규모'뿐 아니라 '질'도 고려해야 한다. 미국의 경우 소비가 크기 때문에 GDP가 상승하는 모양새지만 경상수지는 장기간 적자를 기록해왔으며 세계 최대의 채무국이기도 하다. 한편 중국은 경상수지가 장기간 흑자였고 순채권의 크기는 일본, 독일 다음인 세계 3위다. 즉 미국에는 거액의 빚이 있는 반면, 중국에는 거액의 대금貸金이 있다는 뜻이다.

양국을 회사에 비유해본다면 미국은 매출로는 1위지만 이익이 전혀 나지 않아 적자가 누적되어 있는 회사고, 중국은 매출은 2위이나 이익은 1위로 흑자가 누적된 회사다. 회사로서 어느 쪽의 벌이가 좋은지, 둘 중 어디의 미래가 밝은지를 따질 경우 단연 중국일 것이다.

전 세계 경제학자들 중에는 가까운 미래에 세계경제 패권은 중국이 차지할지도 모른다는 견해를 가진 이들도 있다. 어찌 되었든 향후 한동안은 중국과 미국 사이에서 패권 다툼이 계속되리라는 것은 분명하다.

자본주의와 공산주의의 좋은 점만 취한 중국 경제

다른 공산주의 국가들이 너 나 할 것 없이 붕괴해가는 가운데, 중국이 여타 자본주의국가들을 능가하는 수준으로 급격히 발전한 까닭은 무엇일까?

중국은 쉽게 말해 자본주의와 공산주의의 '좋은 점만 취한' 경제 정책을 펼쳐왔다. 즉 자유주의와 마찬가지로 국민에게 자유로이 장사할 수 있도록 하고 외국에도 비즈니스를 개방하여 경제를 발전시켰다. 그러나 시장경제 시스템에서 결함이 발생했을 때는 공산주의하에서 가능한 강한 권력을 동원하여 강제로 수정하게 했다. 자유주의국가는 이런 식으로 행동할 수 없다. 경제에 관해 국가는 관여하지 않는다는 방침이 있으므로 어떠한 결함이 발생했다 한들 국가에 의한 강제적인 개입 따위는 불가능하다.

자유주의국가 입장에서는 중국이 채택한 방법이 전근대적으로 보이는 면도 다수 있다. 하지만 무엇이 좋으며 무엇이 나쁜가는 둘째 치고, 중국은 일견 전근대적으로 보이는 '국가 주도와 시장 원리를 상황에 맞게 가려 사용하는 방법'을 통해 급격히 성장한 것이다.

중국의 개혁·개방 정책은 그저 단순히 외국과의 교역을 개방하는 데 그치는 것이 아니라 사실 대단히 교묘한 정책이었다. 1979년, 중국은 개혁·개방 정책을 시작함과 동시에 선전, 주하이, 산터우, 샤먼에 경제특구를 설치했다. 경제특구란 외국 기업의 진출을 특례적으로 인정한 지역을 가리킨다.

중국은 공산주의 국가이며, 모든 기업은 국영 또는 국영에 준하는 조직이어야 한다는 방침이 있다. 따라서 그때까지는 원칙적으로 외국 기업이 중국에 들어오기란 불가능했다. 그러나 경제특구를 설치함으로써 해당 지역만큼은 자유주의국가와 마찬가지로 외국 기업이 진출할 수 있게 된 것이다. 게다가 이 경제특구에서는 세금 우대 조치와 인프라 정비 등을 통해 외국 기업을 적극적으로 유치했다. 선전, 주하이, 산터우, 샤먼은 모두 연안 지역이며 홍콩, 마카오, 타이완 등에 근접한 곳이다. 여기에 경제특구를 설치하여 홍콩, 마카오, 타이완의 기업과 투자 자금을 끌어들이고자 한 것이다.

이때까지 폐쇄 시장이었던 중국이 갑자기 전면적인 개방 조치를 단행한다면 국가 경제는 대혼란에 빠질 것이다. 게다가 중국에는 19세기에 구미 국가들로부터 경제적 침략을 받았던 역사가 있다. 따라서 국가 일부를 조금씩 개방해나간 것이리라.

중국의 이와 같은 정책은 '적중했다'라고 표현할 수 있겠다. 경제특구는 수많은 외국 기업들을 금세 불러들였고, 중국 경제를 견인하게 된다. 그 후 중국은 경제특구를 서서히 확대해나갔다. 1986년까지 다롄, 친황다오, 톈진, 옌타이, 칭다오, 롄윈강, 난퉁, 상하이, 닝보, 원저우, 푸저우, 광저우, 잔장, 베이하이 열네 개 도시가 '경제기술개발구'로 새로이 지정되었다. 경제기술개발구란, 경제특구보다도 더 자유도가 높은 지역으로 외국 기업의 세제 우대도 있다. 1980년대에 경제기술개발구를 설치하면서 외국 기업

	수출	수입
1985년	1.1	4.9
1989년	9.4	14.9
1990년	12.6	23.1
1995년	31.5	47.7
2000년	47.9	52.1
2005년	58.3	58.7
2010년	54.6	52.9

＊중국의 수출입에서 외국 기업이 차지하는 비율[11]

의 중국 진출이 폭발적으로 늘어났다.

중국의 경제성장 방법은 구미나 일본의 경제성장 방법과는 상당히 다르다. 간단히 말하면 외국 자본을 끌어들이고 외국인들에게 공장을 짓게 하여 자국의 산업을 발전시키는 것이다.

영국, 미국, 독일, 일본 같은 공업국들은 자국 기업의 힘으로 경제를 발전해왔다. 초기 단계에서 외국의 지원을 받기도 했지만, 본격적으로 경제 발전을 이루었을 때는 자국 기업이 원동력 역할을 했다. 이를테면 일본에서는 메이지 초기에 외국 지원을 바라기도

---

11) 大森拓磨, 《米中経済と世界変動》, 岩波書店, 2014. ─원주

했고, 외국 기업 일부가 일본 내에 진출하기도 했다. 하지만 금세 일본의 방적 회사 등이 경제를 일으켜나갔고, 그 힘으로 공업국 반열에 올랐다. 영국, 미국, 독일 등도 마찬가지여서 자국 기업이 성장하는 것과 비례하는 형태로 경제성장을 해왔다. 그러나 중국의 경우는 이들 국가들과 사뭇 다르다.

중국 경제 발전의 주역은 타국의 기업이다. 다른 나라의 선진 기업들이 잇달아 진출하여 공장을 세운다. 그곳에서 생산된 제품을 해당 기업의 모국 및 여타 외국에 수출한다. 중국은 장소와 인재를 제공할 뿐이다. 그렇지만 외국 기업은 인건비를 비롯해 여러 방면에서 비용을 써서 중국 경제에 보탬이 되어준다. 게다가 외국 기업의 기술과 노하우, 선진 설비 등을 계속해서 들여온다. 이렇게 외국 기업의 주도하에 중국은 급격한 경제 발전을 이룬 것이다. 결론적으로 자본주의의 은혜를 가장 입은 국가는 중국이라고도 할 수 있겠다.

아시아인프라투자은행: 중국의 돈을 빌려드립니다

요즈음 아시아인프라투자은행, 줄여서 AIIB가 국제경제에서 주목받고 있다. AIIB는 출자금 1000억 달러를 모아서 이를 아시아 각지의 개발에 투자한다는 목적을 갖고 있다. '중국판 마셜플랜'이라고도 불리고 있으며, 특히 실크로드가 지났던 지역을 중점적으로 개발할 목적이 있는 것으로 보인다. 출자금은 이미 절반이 모였으며 중국은 그중 30퍼센트 정도를 부담했다. 물론 이는 출자국 가운데 최대 규모다.

요컨대 AIIB는 중국이 돈을 대고, 그 돈을 아시아 개발에 투자한다는 취지다. 다른 국가 입장에서는 중국이 낸 돈을 싸게 빌려서 개발에 사용할 수 있는 기회가 생겨나는 셈이다. 어지간해서 손해 볼 일은 없다. 그러니 전 세계 국가들이 속속 가입하고 있다. 영국은 재빨리 가입할 것을 표명했고 뒤이어 독일, 프랑스 같은 서구 국가들과 한국, 오스트레일리아도 가입했다. 2016년 1월 현재 57개국이 회원국으로 가입했으며, 20개국 정도가 가입 신청을 한 상태이고, 나아가 수십 개국이 가입을 검토하고 있다. 이는 일본이 주도해 운영하고 있는 아시아개발은행의 회원국 수를 웃도는 수치다.

그런데 일본과 미국은 AIIB 가입을 보류하고 있다. 유럽, 대부분의 아시아 국가들, 한국까지도 AIIB에 가입한 가운데 미국과 일본이 빠져 있다는 것은 역시 기이하게 보이기도 한다. 여기에는 미묘한 자존심이 걸려 있다. 지금까지 아시아 지역에서는 일본과 미국이 인프라 투자 등을 오랫동안 지원해왔다. AIIB와 같은 취지를 지닌 아시아개발은행은 반세기 전인 1966년에 설립되었다. 출자 비율은 일본이 15.7퍼센트로 선두에 있으며, 두 번째는 미국으로

15.6퍼센트다. 일본이 최대 발언권을 가지고 주도하는 기관이라 할 수 있다.

아시아개발은행은 지금까지 아시아의 인프라 투자에 톡톡히 공헌해왔다는 자부심도 있어서, 일본과 미국 입장에서는 이제 와서 중국을 중심으로 하는 개발은행에 가입하고 싶지 않은 것이다. 반면에 중국으로서는 '일본 주도가 아닌, 중국 주도의 아시아개발은행을 세우고 싶다'라고 생각한 것일 테다.

AIIB에서는 출자액에 상응하는 의결권이 주어지며, 중국의 의결권은 26퍼센트 정도에 이를 전망이다. AIIB의 의결에는 75퍼센트 이상의 찬성이 필요하므로, 중국이 26퍼센트의 의결권을 행사하여 반대한다면 해당 사안은 통과될 수 없다. 즉 중국이 거부권을 갖고 있는 것과 마찬가지다. 그래서 일본 언론에서는 AIIB가 중국 뜻대로 좌우된다며 거부 반응을 보이는 경우가 많다.

하지만 이 방법은 IMF를 따라 한 것이다. IMF는 의결시 85퍼센트의 찬성이 필요하다. 미국은 회원국 중 유일하게 15퍼센트 이상 출자하여 17퍼센트 이상의 의결권을 갖는다. 따라서 미국이 반대한 사안은 절대로 통과되지 않는, 즉 미국이 거부권을 갖는 구조다. AIIB만 독단적이라고 비난하기는 어렵다.

전 세계 국가들에게 중국과 미국, 일본의 입장 같은 건 그리 중요한 사항이 아니니 AIIB 회원국 수는 증가하고 있다. 미국과 가까운 관계를 맺고 있는 한국, 오스트레일리아는 물론이고 2016년 8월에는 캐나다가 가입을 표명했다. 캐나다는 미국과 가장 친밀한 관계를 가져온 국가다. '미국인들이 가장 신뢰하는 외국'을 묻는 여론조사에서 대체로 캐나다가 1위나 2위를 차지할 정도다. 바로 그 캐나다가 미국과 불편한 구도에 있는 AIIB에 가입했다.

캐나다 정부는 AIIB 가입에 대해 "미국 정부와 계속 연락을 주고받고 있다"라고 말한 바 있어 미국 정부가 반대하고 있는 것 같지는 않다. 어쩌면 미국도 전격적으로 가입을 표명할지 모른다. 그렇게 되면 일본만 덩그러니 남게 된다.

미국이 중국의 눈치를 보는 날이 올 것인가

미국이 주도하여 창설된 환태평양경제동반자협정TPP에는 중국이 가입하지 않았다. 이를 보면 중국과 미국 사이에는 벽이 쳐져 있는 듯한 느낌이 있다.

그러나 중국과 미국은 사실 일본인들이 생각하는 것보다 훨씬 더 강한 유대가 있다. 일본은 현재 중국과의 관계가 좋지 않아서 미국과 중국은 사이가 나쁘다거나 미국은 중국에 대해 좋게 생각하지 않는다고 여기기 쉽다. 아니, 그렇게 믿고 싶어 한다. 이런 희망적인 관측을 국가 전체가 갖고 있다는 느낌이다. 하지만 중국과 미국의 관계란 어쩌면 일본과 미국의 관계보다도 더 강할지 모른다.

그도 그럴 것이, 우선 미국과 중국은 서로가 서로의 최대 수출 상대국이다. 중국과 미국의 무역을 논할 때는 중국의 수출에만 눈길이 머물기 쉬운데, 중국은 미국의 제품도 무척 많이 사들이고 있다.

미국의 수출 상대국 1위는 2009년부터 줄곧 중국으로 전체의 20퍼센트 가까이를 차지하고 있다. 만일 미국과 중국의 관계가 단절된다면 미국 경제에 어떠한 영향을 줄지 다 헤아리기 어렵다. 일본은 미국의 수출 상대국 4위로 전체에서 6퍼센트 내외를 차지하고 있다. 미국으로서는 일본 혹은 유럽과의 국교가 단절되는 것보다 중국과의 국교가 단절되는 것이 더 큰 영향을 미친다. 즉 경제적인 면만 보자면 미국 입장에서는 일본보다 중국이 훨씬 더 중요한 상대다.

게다가 현재 중국은 미국 국채를 가장 많이 보유하고 있다. 중국은 미국 국채 보유액으로 일본과 1위 다툼을 계속하고 있고, 때때로 일본이 1위를 탈환하기도 하지만 요즈음은 중국의 1위가 이어지고 있다.

중국이 미국 국채를 갖고 있다는 것은 일본이 미국 국채를 갖고 있는 것과 뉘앙스가 상당히 다르다. 일본은 미국에 국방 관계를 완전히 의존하고 있어서 미국 국채를 마음대로 팔기 어렵다. 미국으로부터 "그렇게 나온다면 일본 방위는 우리가 알 바 아니다"라고 위협을 받기 때문이다.

그러나 중국의 경우는 그러한 위협이 통하지 않는다. 중국은 미국에 대해 일본이 안고 있는 것과 같은 부담이 전혀 없으므로 팔고자 마음먹으면 언제든 팔 수 있다. 그렇게 되면 미국은 어떤 태도로 나올까? 쉽게 말하면 중국에는 더욱 신경을 쓸 것이고 정중한 태도로 임할 것이다. 중국이 미국 국채를 20퍼센트 이상 보유하고 있는데 만일 이를 단번에 팔아치우면 미국 경제는 대혼란에 빠질 게 분명하다.

중국은 미국을 상대로 '경제 핵무기'를 보유하고 있는 것과도 같다. 어쩌면 머지않아 미국이 중국의 뜻을 조금도 거스르지 못하게 되는 때가 올지도 모르겠다.

14 전 세계가 맞닥뜨린
경제 위기

⬚ 세금을 내지 않는 천국, 조세피난처

제2차 세계대전 후 세계경제는 미국과 소련이 패권 다툼을 벌였고, 소련이 붕괴한 후에는 중국이 미국에 도전장을 내밀었다. 이 패권 다툼의 이면에서 어느 노후한 대국이 세계경제를 뿌리부터 뒤흔드는 계획을 진행시키고 있었다. 그 계획은 세계경제를 파멸로 이끌 수 있는 '경제 테러'다.

중동의 이슬람 과격파 같은 테러는 아니다. 표면적으로는 대단히 신사적이고 합법적이나 각 나라 그리고 세계경제를 배후에서 파괴해버리는 교묘하고도 흉포한 테러다. 이 경제 테러란 바로 조세피난처Tax Haven다.

2016년 초, 파나마페이퍼스Panama Papers가 전 세계를 떠들썩하게 했던 사건을 기억하는 이들이 많을 것이다. 누군가가 파나마에서 조세 회피에 관한 기업 설립 업무를 담당하던 법률사무소의 데이터를 독일 남부의 일간지인 《쥐트도이체 차이퉁Süddeutsche Zeitung》으로 제보하여, 전 세계에 보도되었다.

이 데이터에는 과거 40년 동안 파나마에서 세금을 내지 않기 위해 거래한 데이터 21만 건이 담겨 있었다. 그중에는 러시아의 푸틴Vladimir Putin 대통령, 영국의 캐머런David Cameron 전 총리, 아르헨티나의 축구 선수 메시Lionel Messi, 홍콩 배우 성룡成龙 등 세계 각국의 정치가와 경제인, 스포츠 선수 같은 저명인들이 포함되어 있었다. 이 사건 이전에도 조세피난처에 대한 내부 고발이 몇 차례 있었다. 300여 개의 다국적기업이 본사를 세율이 낮은 룩셈부르크로 옮겨 수십억 달러의 세금을 탈루했다는 비밀을 폭로한 룩스리크스 스캔들 같은 사건 말이다.

파나마는 대표적인 조세피난처인데, 말 그대로 세금을 내지 않는 지역이다. 조세피난처에 거주지를 두면 개인에 대한 세금은 거의 부과되지 않는다. 또한 각국에 발을 걸치고 있는 다국적기업이 본거지를 이곳에 두면 법인세 절감도 가능하다. 조세피난처에 본사를 두고, 다른 국가들에는 자회사를 둔다. 그리고 자회사를 둔 국가들에서 발생한 이익은 조세피난처에 있는 본사로 집중시키는 것이다. 이렇게 하면 해당 기업 전체로 봤을 때 세금이 대단히 줄어든다.

특히 헤지 펀드라 불리는 투자 기업들 다수는 조세피난처에 본 적을 두고 있다. 일본 펀드 업계에서 '신의 손'이라 불리던 무라카미 요시아키村上世彰의 무라카미 펀드가 홍콩으로 본거지를 옮긴 것도 홍콩이 조세피난처이기 때문이다. 또한 일본의 조미료 제조 기업인 불독소스주식회사ブルドックソース株式会社를 매수하려고 했던 투자 그룹 스틸파트너스Steel Partners 또한 조세피난처으로 유명한 케이맨 제도에 본사를 두고 있다.

조세피난처에는 '조세 회피' 말고도 또 하나의 특성이 있다. 바로 '비밀 보장'이다.

조세피난처는 자국 내에 개설된 예금 계좌, 법인 등의 정보를 절대 비밀에 부친다. 설령 범죄와 관련된 것이라 하더라도 어지간한 사정이 없는 한 외부자에게는 발설하지 않는다. 그러므로 탈세를 위한 자산 은닉을 비롯하여 마약 같은 범죄와 관련된 기업, 공무원의 권력 남용 같은 부정한 방법으로 축적한 자산이 전 세계로부터 모여들게 된다. 요컨대 조세피난처는 탈세를 방조함과 더불어 범죄 자금 은닉 장소로도 사용되고 있는 것이다.

이 조세피난처 문제로 현재 세계 각국이 골머리를 앓고 있다. 기업은 규모가 조금 커지면 금세 조세피난처로 옮겨가버린다. 본사가 조세피난처에 있으므로 세금을 걸을 수 없게 되고, 그만큼 세수

가 부족해진다. 많은 자산을 보유한 개인도 마찬가지로 곧장 조세
피난처에 자산을 숨긴다. 그러면 상속세 같은 과세가 대단히 어려
워진다.

조세피난처로 가장 피해를 입은 곳은 미국이다. 대표적인 조세
피난처인 케이맨제도에는 1만 8,857곳의 기업이 있으며 그중 절
반은 미국과 관련된 기업이다. 이에 미국은 연간 1000억 달러나
되는 세수를 놓치고 있다.

현재 세계은행 자산의 절반 이상과 다국적기업의 해외 투자 3분
의 1이 조세피난처를 경유하고 있다고 한다. 2010년 IMF의 발표
에 따르면 남태평양 등의 도서 지역에 있는 조세피난처에만 18조
달러에 이르는 자금이 모여 있다고 한다. 18조 달러라 하면 세계
총생산의 약 3분의 1에 해당하는 거액이다. 게다가 "이 추정치가
과소평가된 것으로 보인다"라고 덧붙였다. 비정부기구인 조세정
의네트워크Tax Justice Network는 2010년 말 시점에 21조~32조 달
러의 금융자산이 조세피난처에 보유되어 있다고 분석했다.

조세피난처가 전 세계에 해를 끼치고 있는데도, 왜 선진국들은
이를 방치하는 것일까?

물론 각국이 이를 수수방관하고 있지는 않다. OPEC이 중심이
되어 조세피난처에 규제를 마련하려는 등의 시도는 지금까지 수
차례나 있었다. 그러나 조세피난처 쪽이 이러한 시도에 좀처럼 응

하지 않는 것이다.

주요 조세피난처로는 케이맨제도, 버진제도, 홍콩, 싱가포르, 룩셈부르크, 파나마 등이 있다. 이들 국명이나 지역명을 보면 알 수 있겠지만, 빈말로도 큰 나라라 할 수는 없는 곳들뿐이다.

그런데도 조세피난처에 강한 압력을 가하지 못하는 이유는 영국과 관계가 있기 때문이다. 좀 더 직설적으로 표현하자면 '조세피난처의 배후에는 영국이 있다'고 할 수 있다. 조세피난처라 하면 남태평양에 위치한 소국이 자국에 기업을 유치하기 위해 비과세를 하는 곳이라는 이미지가 있다. 그러나 조세피난처를 최초로 조성한 국가는 영국이며 현재도 다수의 조세피난처를 실질적으로 지배하고 있다.

🎚 파운드 몰락에 직면한 영국이 꺼낸 비장의 카드

18세기부터 20세기 초까지, 근대 세계경제는 영국을 중심으로 돌아갔다. 영국은 지구 구석구석에까지 식민지를 갖고 있었고 세계 최초로 산업혁명을 일으켰다. 전 세계에서 부를 그러모았고, 막대한 금 보유량을 자랑했으며, 그 금을 밑천으로 삼아 세계에서 처음으로 금본위제를 도입했다. 영국이 시작한 금본위제는 세계 금융 시스템의 표준으로 자리 잡았다.

막대한 금을 든든한 배경으로 삼은 영국의 통화 '파운드'는 세계의 기축통화였다. 영국과 직접 무역을 하지 않아도 타국과 무역을 할 때는 파운드를 썼다. 이를테면 제2차 세계대전이 발발하기 전에는 일본이 외국에서 물품을 살 때 일본의 엔이 아니라 파운드를 쓰는 일이 많았다.

영국은 18세기 후반부터 20세기 전반에 걸쳐 오래도록 세계의 금융 센터로 군림해왔다. 1957년 시점에서도 파운드는 여전히 무역에 사용하는 통화 중 40퍼센트가량을 차지하고 있었다. 그러나 영국 경제의 쇠락과 더불어 그 지위가 약해지기 시작했다.

영국은 제2차 세계대전 직후에 인도와 이집트를 잃었고 다른 식민지들도 하나씩 독립해나갔다. 제2차 세계대전이 종결된 시점에서 7억 명 이상을 지배했던 대영제국은 1965년에는 고작 5000만 명의 국민을 두게 되었다. 영국의 경제 규모는 제2차 세계대전 이전부터 미국과 독일에 뒤처졌으나, 전쟁이 끝난 후에는 일본에도 밀려 프랑스와 4위를 다투었다. 경상수지 적자, 외환보유액 및 금 준비 감소에 허덕였으며 파운드 가치를 유지하지 못하는 위기와 여러 차례 맞닥뜨렸다.

1949년에는 대폭적인 파운드 절하를 단행했다. 거기에는 세계의 은행이라고 불리기까지 했던 왕년의 대영제국의 모습이 더는 없었다. 파운드는 급속히 신용을 잃었고, 달러에 세계의 기축통화 자리를 내주게 된다. 영국의 시티오브런던이 세계의 금융 센터로서 군림해왔던 데는 강력한 파운드가 존재했기 때문이다. 그러나 파운드 가치가 떨어지고 기축통화로서의 역할을 상실한다면 시티오브런던의 영향력도 약해질 수밖에 없다. 시티오브런던은 파운드의 쇠락과 더불어 힘을 잃어갔다.

영국은 이러한 상황을 만회하기 위해 위험한 도박에 나섰다. 조세피난처를 창설한 것이다.

조세피난처의 기원은 19세기로까지 거슬러 올라간다. 서구 열강이 아시아, 아메리카, 아프리카를 손에 닿는 대로 마구 삼켜대던 시절의 일이다. 당시는 기업의 글로벌화가 시작되던 시기로 영국에서는 식민지에 대한 투자를 늘리기 위해 식민지 내 기업에 부과되는 세금을 인하했다. 그러자 영국의 식민지로 다수의 영국 기업들이 이전해왔고, 머지않아 영국뿐 아니라 전 세계의 다국적기업들도 영국 식민지로 적을 옮기게 되었다. 당연히 영국 식민지는 윤택해졌다. 세금은 내렸지만 회사가 적을 두는 것만으로 등기 비용 등이 들어올뿐더러 회사는 해당 지역에 어느 정도 돈을 쓰게 된다. 이는 영국 식민지의 귀중한 재원 노릇을 했다.

제2차 세계대전 후에도 영국의 해외 영토들은 모처럼 적을 옮긴 다국적기업들이 떠나지 않도록 세제를 그대로 유지했다. 나아가 1960년대 무렵부터 스위스은행 같은 비밀주의도 도입했다.

영국의 해외 영토 시책들을 정리해보면 다음과 같다.

- 세금을 낮춘다.
- 회사 등기 등을 간단히 처리할 수 있게 한다.
- 금융 비밀을 지킨다.

요컨대 이때 '조세피난처'가 완성된 것이다.

그렇다면 왜 영국 본토가 아니라 영국 세력권 내의 섬들에 조세 피난처를 조성한 것일까? 아무래도 영국 본토에서는 세금을 내리기가 불가능했고, 금융 규제 및 감독 등에서도 선진국으로서 책임을 가져야만 했다. 그러나 세계 도처에 뿔뿔히 흩어진 영국령 섬들이라면 책임을 지지 않아도 된다. 다른 국가들이 항의를 해도 영국은 "자치령이라서 우리 책임 바깥에 있다"라고 둘러댈 수 있었기 때문이다.

영국은 옛날부터 해외 영토들을 활용해 외교상의 문제들을 해결해온 전통이 있다. 이를테면 저지대관관할구Bailiwick of Jersey가 그렇다. 저지대관관할구란 영국 해협상에 위치한 저지섬 등으로 이루어진 영국 왕실령이다. 외교와 국방은 영국 본국이 관리하나 독자적인 헌법과 의회가 마련되어 있어 이를 통해 자치를 하고 있다. 영국은 이 섬을 형편에 맞게 활용해, 유럽의 정치범들이 영국 망명을 요청하면 저지섬에 감춰주었다. 타국이 항의를 할 경우, 사실상 영국 통치하에 두고 있으면서도 저지섬은 자치 지역이기 때문에 우리 관할 밖이라고 발뺌했다. 이런 방식으로 조세피난처에 대한 책임도 회피하겠다고 생각한 것이다.

영국 해외 영토들이 조세피난처로 변해가는 것에 다른 국가들도 나름대로 대응 방안을 내놓고 있다.

미국은 처음부터 조세피난처의 최대 피해자로 1961년 무렵부터 조세피난처에 대한 단속을 강화하고자 했다. 하지만 뜻대로 이루지 못하자 이번에는 미국이 스스로 조세피난처를 만들어 운영하게 되었다. 원래 미국은 주에 따라 세금 규모나 회사 설립 난이도가 다른데, 세금도 무척 낮고 회사 만들기도 대단히 쉬운 곳들이 있다. 이러한 주들이 영국령의 조세피난처에 대항하게 된 것이다. 그리고 영국이 케이맨제도에서 했던 것처럼 미국은 마셜제도를 조세피난처로 만들어가기 시작했다.

물론 이와 같은 흐름은 미국에서만 생겨나지는 않았다. 스위스, 룩셈부르크, 네덜란드 등은 영국 해외 영토에 대항하여 그들 스스로 조세피난처가 되었다. 이 지역들은 애당초 금융 비밀이 보장되어 있거나 세금이 낮았다. 여기에다 회사 설립이 쉽게 법을 바꾸고 금융 규제를 완화하는 등의 방법으로 기업과 자산을 끌어들이고자 했다.

이렇게 해서 조세피난처는 전 세계로 퍼져나가게 되었다.

⬛ 리먼 사태는 사실 런던발이었다?

현대에 들어서서 세계는 머니게임이 불러일으킨 폐해로 고민하고 있다. IT 버블 붕괴나 리먼 사태 등으로 인해 수차례나 불황과 맞닥뜨렸고, 헤지 펀드의 무모한 매수극 때문에 관련 기업과 종업원들은 원치 않게 우왕좌왕해야 했다.

이 머니게임의 총본산이라 하면 뉴욕 월스트리트를 가장 먼저 떠올릴지도 모르겠다. 확실히 뉴욕 월스트리트는 금융 거래량 자체로는 세계 1위다. 하지만 월스트리트의 경우 그 태반은 국내 거래다. 미국이라는 시장이 그만큼 크다는 뜻이다.

그렇다면 머니게임의 진짜 본거지는 어디일까? 바로 시티오브런던이다. 세계 금융 전체의 점유율을 들여다보면 이쪽이 월스트리트를 능가한다. 국제적인 주식 거래의 절반가량, 국제 신규 공모주의 55퍼센트, 국제통화 거래의 35퍼센트는 시티오브런던이 차지하고 있다.

또한 영국의 외환 취급량은 1일당 2조 7260억 달러로 세계 전체의 40퍼센트를 점하고 있다. 물론 압도적인 1위다. 2위인 미국은 영국의 절반 이하인 1조 2630억 달러다. 국제금융센터로서의 지위는 시티오브런던이 여전히 움켜쥐고 있다.

시티오브런던은 왜 이렇게까지 세계경제에 영향력을 지니고 있는 것일까? 이는 영국이 조세피난처의 총수이기 때문이다.

국제결제은행BIS에 따르면 영국과 영국 해외 영토의 역외은행 예금 잔고 추정액은 3조 2000억 달러로, 전 세계 역외시장의 약 55퍼센트를 차지하고 있다고 한다. 즉 조세피난처로 모여든 돈의 태반은 영국이 취급하고 있는 것이다.

영국의 경제력은 세계경제 안에서 그렇게 크지는 않다. 전 세계 GDP 순위로 보면 대체로 5위 수준이다. 미국 GDP의 6분의 1에 지나지 않는다. 그런데 국제 금융거래에서는 영국이 최대 점유율을 갖고 있다. 조세피난처의 존재가 전 세계 돈의 흐름을 얼마나 일그러뜨렸는가를 짐작해볼 수 있는 대목이다.

근래 영국은 겉치레 같은 건 개의치 않는 자세로 머니게임에 매진해왔다. 국제경제에서 영국이 행해온 금단의 수법은 조세피난처만 있는 것은 아니다. 현재 세계 도처에서 이루어지고 있는 교활한 머니게임의 대부분은 영국이 관여하는 것들이다.

영국은 금융 및 기업에 대한 규제가 미국과 비교했을 때 대단히 느슨하다. 규제를 완화해서 전 세계의 기업들과 돈을 끌어들인다. 이를테면 러시아 기업이 해외에서 상장할 때, 뉴욕이 아닌 런던을 택한다. 왜냐하면 런던은 뉴욕이나 그 외 지역에 비해 상장 기준이 느슨하기 때문이다. 통상 각국의 주식시장에서는 투자가를 보호하기 위해 상장 기업을 대상으로 하는 기준과 규제를 다양하게 갖추고 있다. 런던은 그와 같은 규제가 느슨하다는 이야기다. 그래서 전 세계 금융 기업과 투자회사들이 런던으로 모여들게 되었고 이런 식으로 런던은 뉴욕 이상의 국제적인 금융 센터의 지위를 유지하고 있다.

런던 시장은 상장 기업 입장에서야 안성맞춤이지만, 뒤집어보면 투자가에게는 리스크가 큰 곳이다. 예를 들어 그 유명한 리먼 사태도 런던이 크게 관계되어 있다. 리먼브라더스Lehman Brothers가 파탄을 맞게 된 주요 원인인 '레포 105'는 사실 영국의 자회사에서 벌인 것이었다.

레포 105란 간단히 말해 결산기 직전에 보유 채권을 나중에 되산다는 조건하에 일시적으로 현금화하는 거래[12]다. 결산기 직전에 레포 거래를 하면 결산서에는 현금을 많이 갖고 있는 것처럼 기재된다. 재무 상태가 건전한 것처럼 보이는 것이다. 리먼브라더스는 레포 105를 대대적으로 이용해서 미국통화감독청OCC의 눈을 속였다.

영국은 이런 거래에 대해서도 법률이 까다롭지 않으며, 감독 법인은 간단히 허가를 내준다. 미국이라면 틀림없이 제지할 것을 말이다. 리먼브라더스도 미국에서는 레포 거래를 할 수 없으나 영국이라면 가능하다는 사실을 알았으리라. 리먼브라더스와 마찬가지

---

12) 레포의 정식 명칭은 'repurchase agreement'로, 레포 105라는 명칭은 리먼브라더스가 현금 100을 빌리는 대신 적어도 105에 해당하는 채권을 담보로 제공한 데서 붙었다.

로 AIG의 몰락도 런던이 크게 관계되어 있다. AIG가 끌어안고 있었던 거액의 서브프라임 모기지론이 파탄의 원인으로 작용했는데, 이 서브프라임 모기지론은 AIG의 런던 지사가 중심이 되어 추진한 것이다. 물론 리먼 사태의 원인은 이외에도 여러 가지가 있지만 영국의 느슨한 금융 규제가 커다란 요인 중 하나라는 점은 틀림없다.

현재 세계경제에 큰 영향을 끼치고 있는 헤지 펀드 또한 조세피난처의 산물이라 할 수 있겠다. 헤지 펀드는 전 세계를 무대로 거액의 자금을 운용하며 근시안적인 투자를 해서 각국의 경제를 혼란에 빠뜨린다.

그런데 헤지 펀드는 어떻게 거액의 자금을 운용할 수 있는 것일까? 이는 그들이 조세피난처를 최대한으로 활용하기 때문이다. 헤지 펀드의 대부분은 케이맨제도 같은 조세피난처를 본적지로 두고 있다.

통상적인 투자 활동이라면 개인 투자가든 기관 투자가든 이익에 대해서는 세금을 내야 한다. 따라서 높은 수익을 올렸다 하더라도 세금을 낸 후 잔액으로만 투자를 할 수 있지, 수익 전부를 다시 투자할 수는 없다. 하지만 헤지 펀드의 본적은 조세피난처에 있으므로 높은 수익을 올린다면 이를 고스란히 재투자할 수 있다. 그렇게 해서 단기간에 급속한 성장이 가능한 것이다. 만약 조세피난처가 없었다면 헤지 펀드가 이렇게까지 성장해서 권세를 부리며 날 뛰는 일은 일어나지 않았을 것이다.

조세피난처는 미국의 경우 매년 883억 달러나 되는 세수를 거두지 못하게 만들고 있고, 전 세계를 놓고 봤을 때 대략 8834억 달러에 가까운 세수를 빨아들이고 있다.

영국은 세계 금융의 주도권을 장악하기 위해 체면 따위는 개의치 않고서 조세피난처를 만들었다. 그렇다면 영국은 조세피난처로 얼마나 혜택을 누렸을까?

사실 영국은 거의 이득을 보지 못했다. 조세피난처에 수백억 달러의 돈이 흘러들어 왔어도, 영국이 이를 전부 수중에 넣을 수 있을 리는 없다. 영국이 얻는 것은 수수료뿐이다. 이 수수료 또한 영국 남해에 위치한 소국의 행정비를 충당할 수 있는 정도일 뿐 그다지 큰 수입이 되지 않는다. 조세피난처로는 영국 경제가 호전되지 않았다는 이야기다.

영국이 취급하는 돈의 양이 늘어남으로써 시티오브런던의 사람들은 그런 대로 윤택한 삶을 영위하고 있지만, 시티오브런던 바깥에 있는 사람들은 그 혜택을 조금도 누리고 있지 않다. 또한 금융계가 넉넉하다 한들 영국 정부의 국고가 풍요로워지지는 않는다. 도리어 영국이 만든 조세피난처는 영국의 세수에도 다대한 손해를 끼치고 있다.

📋 조세피난처는 세계경제를 붕괴시킬 것인가

조세피난처는 자칫하다가는 세계경제를 무너뜨릴 수도 있는 존재다. 조세피난처의 폐해 중 하나는 대기업과 부유층의 세금이 대폭 낮아졌다는 점이다. 조세피난처는 전 세계 대기업과 부유층의 '세금 구멍' 노릇을 하고 있다. 이에 선진국들은 조세피난처로 떠나는 대기업과 부유층을 막기 위해 세금을 낮출 수밖에 없게 되었다.

이를테면 선진 주요국들의 법인세율(관련 세금 포함)은 1980년대에는 50퍼센트 안팎이었던 것이 지금은 25퍼센트 안팎으로까지 떨어졌다. 독일의 경우 1980년에는 56퍼센트 정도였으나 현재는 15퍼센트 정도고, 영국은 1980년에는 50퍼센트 이상이었으나 현재는 30퍼센트 이하다. 미국은 1980년에 50퍼센트 정도였으나 현재는 40퍼센트 이하다. 일본의 경우 1980년대에는 40퍼센트대였으나 지금은 30퍼센트 이하다.

국가 입장에서 기업으로부터 걷는 세수는 중요한 재원이다. 선

(퍼센트)

	미국	일본	영국	독일	프랑스
1980년	46	40	52	56	55
2013년	35	25.5	23	15	33

＊선진국들의 법인세율 추이
국가에 따라 지방세(주세, 주민세) 등이 함께 부과된다.

진 주요국들은 법인세율을 낮추는 대신 과세 대상을 확대하는 등의 방법으로 줄어든 세수를 메워왔다. 대기업의 세금을 깎는 대신 이제까지 과세 대상이 아니었던 저소득 중소기업들에도 과세하게 되었다는 이야기다. 요컨대 조세피난처를 활용할 수 있는 대기업의 세금은 내리고, 조세피난처를 활용할 만큼 규모가 크지 않은 기업의 세금은 올린 것이다. 이대로라면 대기업과 중소기업 간의 격차는 점점 더 벌어지기만 할 것이다.

또한 부유층에게 부과되는 세금도 대폭적으로 인하되었다. 옆 페이지의 표를 보면, 일본의 상속세는 1980년대까지는 최고세율이 75퍼센트였던 것이 지금은 20퍼센트포인트나 떨어졌다. 미국, 영국, 독일 등에서도 상속세는 크게 인하되었다.

한편 서민의 부담 비율이 큰 소비세(간접세)는 인상되는 경향을 보인다. 소비세는 조세피난처같이 세금 구멍이 없으므로 국가로서는 이에 기댈 수밖에 없다. 그 결과 서민의 생활은 더욱 팍팍해지고 있다.

대기업과 부유층이 성실하게 세금을 내지 않고, 서민을 대상으로 하는 과세가 강화되면 어떻게 될까? 당연한 일이겠으나 빈부 격차가 확대된다.

최근 들어 일본은 빈부 격차 문제를 자주 논의하곤 하는데 이것은 세계적인 문제이기도 하다. 빈곤 문제에 대처하는 국제구호개

	최고 세율(퍼센트)	대상자(과세소득)
1988년까지	75	5억 엔 이상의 유산을 상속받은 자
1991년까지	70	5억 엔 이상의 유산을 상속받은 자
1993년까지	70	10억 엔 이상의 유산을 상속받은 자
2002년까지	70	20억 엔 이상의 유산을 상속받은 자
2003년 이후	50	3억 엔 이상의 유산을 상속받은 자
2015년 이후	55	6억 엔 이상의 유산을 상속받은 자

*일본 상속세의 최고 세율 추이

발기구인 옥스팜OXFAM이 2016년 1월에 발표한 내용을 보면, 62명에 불과한 전 세계 부자들이 소유한 부는 극빈층 36억 명분과 맞먹는다고 한다. 이 62명의 2015년도 자산은 1조 7600억 달러다. 이 액수가 전 세계 인구의 약 절반에 해당하는 이들의 부를 합한 것과 거의 같다는 뜻이다.

일본에서도 부의 집중과 격차 확대는 뚜렷하게 진행되고 있다. 흔히 일본에서 최저 연봉이라고 하는 연봉 200만 엔 이하를 받는 회사원의 수를 살펴보면, 1999년에는 803만 7,000명이었으나 2014년에는 1139만 2,000명이다(국세청 민간급여실태통계조사). 이 숫자에는 아르바이트만 하거나 아예 취업을 포기한 사람은 포함되어 있지 않다. 저소득층은 몇 배는 더 될 것으로 보인다. 반면에 스위스의 대형 금융기관인 크레디트스위스Credit Suisse가 발간한

〈세계 부 보고서Global Wealth Report〉에 따르면 일본의 억만장자는 2004년에는 134만 명이었으나 2013년에는 273만 명에 이른다고 한다.

　근래에는 미국과 유럽 등에서도 빈부 격차가 사회 문제로 대두되고 있다. 세계 도처에서 빈발하는 테러도 가난한 국가나 지역의 젊은이들이 일으키는 경우가 많다. 빈부 격차가 계속해서 확대된다면 세계경제는 언젠가 붕괴할지도 모른다.

향후 세계경제의 패권은
누가 쥐게 될 것인가?

지금까지 '돈의 흐름'을 축으로 삼고 근현대 주요 역사적 사건들을 개괄해보았는데, 여기서는 향후 세계경제의 패권에 대해 적고자 한다.

앞으로의 세계경제를 점쳐볼 때 이대로 별 탈 없이 간다면 앞으로 20년 정도는 중국이 세계경제를 견인하게 될 것이다. 꽤 예전부터 '중국 경제 파탄설'을 주장하는 사람들도 있는데, 그들의 주장에 따르면 중국 경제는 이미 끝났어야 한다. 그러나 현재로선 그럴 조짐이 전혀 없다.

확실히 중국 경제는 반석같이 견고하지는 않다. 금융 시스템의 불완전함, 공해 문제, 빈부 격차 등 다양한 문제를 끌어안고 있다. 하지만 중국 경제가 지닌 파워는 그 정도로 무너질 만한 수준이 아니다. 조금만 생각해봐도 그 이유를 알 수 있다.

중국 경제가 한동안 쇠퇴하지 않을 가장 큰 이유는 '중국이 아직 가난하기 때문'이다. GDP가 세계 2위인 경제 대국이 되었다 하더라도 이는 국가 전체의 경제 규모일 뿐이다. 1인당 GDP는 아직 8,000달러에 미치지 못한다. 일본의 4분의 1 이하다. 중국은 인구가 많아서 국가 경제 규모가 커졌을 뿐이지 중국 국민 한 사람 한 사람을 보면 여전히 가난하다.

가난하다는 것은 아직 성장 가능성이 크다는 의미다. 중국인 한 사람의 수입이 아주 조금이라도 오른다면 그 작은 변화가 모여 국가 전체에 어마어마한 경제성장을 가져오게 된다. 단순 계산으로 따져보면 중국인 연봉이 일본인의 절반 수준으로 오른다면 중국 GDP는 지금의 2배가 된다. 국가 전체의 GDP로는 미국을 큰 차이로 제치고 거대한 경제 대국으로 거듭날 것이다.

즉 중국이라는 국가는 국민 생활수준이 선진국 절반 정도에 도달할 경우 국가 전체의 경제 규모로는 초강대국이 될 수 있는 국가다. 그리고 이는 결코 달성하기 어려운 목표가 아니다. 1인당 GDP가 일본의 4분의 1 이하밖에 되지 않는다는 사실은 그만큼 인건비가 저렴해서 그로 인한 수출 우위를 계속해서 차지할 수 있다는 이야기가 된다. 중국 제품은 가격 경쟁 면에서 일본을 비롯한 선진국들보다 압도적으로 유리하다. 따라서 어지간한 정변이 일어나지 않는 한, 즉 별 탈 없이 해나간다면 중국은 선진국들보다도 훨씬 더 뛰어난 경제성장을 이어갈 것이다.

중국: 광기에 휩싸인 용

중국이 지금 이상으로 경제가 성장한다면 세계경제는 어떻게 될까?

먼저 중국이 세계의 정치 경제 면에서 지금보다도 더 존재감을 키우고 발언권을 강화하리라는 것은 틀림없다. 하지만 중국이 세계를 이끌어나가는 데 두 가지 커다란 우려 요소가 있다. 표현을 조금 다르게 하자면 이는 '중국의 광기'라고도 표현할 수 있을 만큼 중차대한 문제다.

그중 하나는 중국이라는 국가가 선진국에 대해 원한을 품고 있다는 점이다. 역사를 돌이켜보면 중국은 고대로부터 근대에 이르기까지 아시아 최대 강국으로 군림해왔다. 그런데 근대에 접어들면서 아편전쟁에서 영국에 패하고 난 후 국토가 열강들에 짓밟혔고 100년에 걸쳐서 혼란 상태를 겪었다.

제2차 세계대전 후 선진국들은 과거의 제국주의를 반성하고 향후의 국제 질서에 관해 정비하기에 이르렀다. 하지만 중국은 자유주의국가들에게 '존재하지 않는 국가'라는 취급을 당했으며 그들이 정비한 새로운 국제 질서 방침에서 소외당하는 처지였다.

그렇기 때문에 이제 와 느닷없이 "국제 질서 방침을 지켜라"라고 한들 순순히 따르지 않는다. 중국 입장에서는 '19세기에는 무력을 앞세워 침략하고 또 침략했던 주제에 이제 와 국제 질서를 지키라는 게 말이 되는가! 이제 중국은 경제력도 군사력도 강대해졌으니 여태껏 빼앗겼던 만큼 지금부터 되찾을 것이다!' 같은 마음인 것이다. 중국이 남중국해, 센카쿠 앞바다 등지에서 군사적 압력을 강화하는 까닭이기도 하다.

그리고 중국이 지닌 또 하나의 우려 요소는 자원 문제다. 중국 인구는 13억 명 이상으로 세계 1위의 인구수를 자랑한다. 중국의 경제가 성장함과 더불어 국민의 생활수준도 높아졌으며 자원 소비량은 막대한 수준으로 올라갔다. 이들이 소비할 자원을 충당할 수 없다면 국민 생활을 향상시키기란 불가능하며, 국민들의 불만은 격렬해질 것이다. 따라서 중국은 자원 에너지를 반드시 확보해야만 한다. 이는 중국으로서는 큰일을 위해 다른 희생을 감수할 수밖에 없는 문제이리라. 중국이 명백히 국제 방침을 무시하고 해양 침공을 감행하는 것도 이 에너지 문제가 커다란 요인으로 작용한다.

중국은 현재 전 세계에서 에너지를 가장 많이 소비하고 있는 국가다. 그러나 1인당 에너지 소비량은 석유로 환산했을 때 연간 2.1톤이다. 이는 전 세계를 두고 봤을 때 평균값 정도로, 말하자면 개발도상국 수준이라고 할 수 있다. 한편 일본의 1인당 에너지 소비량은 석유로 환산했을 때 3.5톤이다. 미국은 6.8톤, 러시아는 5.3톤이다. 만약 중국이 선진국 수준인 1인당 4톤 정도로 소비하게 된다면 전 세계 에너지 소비량은 급증하고 온난화는 더욱 급격히 진행될 것이다.

우리는 이렇듯 중국이 지닌 '두 가지 광기'에 대해 냉정히 대처해나가야 한다. 구미의 가치관에 입각하여 중국을 비난하는 것만으로는 중국과의 골이 깊어질 뿐이다.

이를테면 중국은 심각한 공해 문제를 안고 있다. 중국 도시의 하늘은 언제나 뿌옇게 흐린 상태에 있으며, 초미세먼지로 인한 대기오염은 한국, 일본 같은 주변국들에도 악영향을 미치고 있다. 이런 뉴스를 보며 '중국은 참으로 무책임하며 야만적인 국가다'라고 생각하는 사람들도 있을지 모른다.

그러나 앞서 설명했듯이 중국의 1인당 자원 소비량은 일본인보다도 훨씬 낮으며 선진국의 약 절반 수준이다. 또한 일본도 한때는 세계 1위의 공해 대국이었다는 사실을 잊어서는 안 된다. 일본의 고도성장기 공해는 지금의 중국보다도 지독했을지도 모른다. 광화학스모그로 인해 시계가 나빠져서 교통을 규제하는 일도 자주 있었다.

중국을 비난하는 것으로 끝낼 문제가 아니다. 중국 입장에서는 구미나 일본 같은 선진국들이 지금까지 환경을 실컷 파괴해왔는데 억울하다고 생각할 만하며, 중국만 비난당할 이유는 없는 셈이다.

그렇다고 해서 중국이 하고자 하는 대로 내버려두었다가는 중국의 공해 문제가 얼마나 더 확대될지 알 수 없으며, 세계경제에 다대한 악영향을 미칠 가능성도 있다. 국제법 위반 등에 대해서는 엄정히 대처하면서 중국이 안고 있는 각종 문제에 대해 가능한 한 협력해나가야 할 것이다.

▤ 미국은 언제까지 세계경제를 이끌 수 있을 것인가

한편, 현재 세계경제의 패권을 쥐고 있는 미국 또한 심각한 문제를 갖고 있다. 중국보다도 심각할지 모른다. 미국의 문제란 바로 '경상수지 적자'다.

매년 막대한 무역 적자를 내는 세계 최대의 빚더미 대국임에도 달러는 여전히 세계의 기축통화이며 미국은 세계경제의 중심에 계속해서 눌러앉아 있다. 쉽게 말하자면 미국은 '가장 빚이 많으면서도 가장 거드름을 피우는 국가'인 것이다. 미국은 다 갚을 가능성이 없는 거액의 빚을 지고 있는 데다가 매년 그 액수가 늘어나고 있다. 그와 같은 국가가 세계경제를 진두지휘하며 전 세계에서 가장 유복하게 살고 있는 것이다.

이 상태가 결코 언제까지나 이어질 리는 없다. 다른 국가들도 잠자코 있지만은 않을 것이다. 현재는 미국의 군사력을 어느 정도 두려워하는 것도 있다보니 불만을 입 밖으로 꺼내지는 못한다. 하지만 머지않아 미국에 비판의 화살을 돌릴 국가가 나타날지 모를 일이다.

그 징조가 중국의 AIIB라고도 할 수 있겠다. 앞서 설명했듯이 AIIB는 미국과 일본이 가입하지 않았음에도 영국과 프랑스, 독일 같은 서구 국가들이 일제히 가입할 것을 표명했다. 미국의 충실한 동맹국이라 간주되어왔던 캐나다와 한국마저 가입한 상태다.

중국의 무역액이 지금보다 더 증가하고 세계경제에 미치는 영향력이 커진다면 기축통화로서 달러가 지닌 지위도 위태로워질 것이다. 중국이 무역을 할 때 중국 위안화를 사용하는 국가에게 특전을 제공하는 방법을 쓰게 될 경우 위안화가 달러를 대신할 상황도 생길 수 있다.

애당초 미국이라는 국가는 달러가 기축통화이기 때문에 성립되는 경제 대국이다. 달러가 기축통화라서 전 세계 국가들이 달러를 사들여주고, 미국은 별다른 수고 없이 세계의 부를 수중에 넣고 있다. 만일 미국 달러가 더는 기축통화가 아니게 된다면 미국은 한낱 빚더미 대국으로 전락하고 만다. 물론 그렇게 될 경우 미국 하나로 끝나는 것이 아니라 세계경제 전체가 대혼란에 빠지고 말 것이다.

🥤 환경 문제와 빈부 격차: 세계경제에 들이닥친 심각한 과제

이처럼 미국과 중국이 경제 패권 다툼을 치열하게 벌이고 있으나, 세계경제는 이 문제조차 눈에 잘 띄지 않을 만큼 더 심각한 문제를 안고 있다.

바로 환경 문제와 빈부 격차 문제다. 이 두 가지 문제는 인류의 존망이 걸린 심각한 성질의 것이다.

지구 온난화는 일본에도 영향을 끼치고 있다. 이상할 정도로 더운 여름, 아열대 지역에 나타나는 스콜 같은 집중호우를 보며 이상하다고 느끼는 이들이 많다. 환경 문제는 더 이상 탁상공론의 영역에 속해 있지 않다.

환경 문제는 전 세계 국가들의 산업 발전과 에너지자원 소비가 원인이라 간주된다. 이대로 세계경제가 성장해간다면 환경은 더욱 악화될 것이다. 그러면 우리의 생활환경은 점점 나빠진다. 거주가 불가능한 지역도 증가할 것이다.

또한 경제 글로벌화에 따라 세계적 규모에서 부의 집중이 진행되고 있다. 앞서 설명한 조세피난처 등이 요인으로 작용하여 세계 도처에서 빈부 격차가 문제로 떠오르고 있다. 빈부 격차에 대해서는 학술적으로 다양한 논의가 있다. 경제학자 중에는 "경제성장을 위해서는 빈부 격차가 필요하다"라고 주장하는 이들도 많다. 하지만 학술적인 해석이 어떻든 간에, 빈부 격차는 사회를 불안에 빠뜨리며 혼란을 초래한다는 '역사적 사실'이 존재한다. 역사상 세계 각지에서 일어난 혁명이나 사회 불안 등의 배경에 빈부 격차가 있었음은 엄연한 사실이다. 요컨대 '빈부 격차가 사회에 혼란을 야기한다'라는 것은 이미 부정할 수 없는 사실이므로 평온한 사회를 유지하려면 과도한 빈부 격차를 해소해야 한다.

그러나 지금은 앞서 설명했다시피 극소수의 부자들이 전 세계 부의 절반을 소유하고 있다. 만일 이대로 빈부 격차가 해소되지 못한다면 세계적 규모의 사회 불안과 혼란 등이 야기될지도 모른다.

이와 같이 세계경제가 맞닥뜨린 있는 문제가 중차대하다는 점에서, 이제 더는 '패권 다툼'을 벌이고 있을 상황이 아니라고 할 수 있겠다. 세계 각국이 일치 협력하여 이 문제에 대처하지 않는다면 인류의 중대한 화근으로 작용할지도 모른다.

일본을 포함하여 충분히 경제 발전을 이룬 나라들은 '경제성장 지상주의'를 버리고 성숙한 경제 대국이 되어야만 한다. 무조건 부를 축적하는 것에만 집중한다면 전 세계로부터 비난을 받게 될 것이다. 즉 우리가 지향해야 할 목표는 고도성장기가 다시 돌아온 듯한 경제 발전이 아니라, '지속 가능한 세계경제를 구축하는 데 대한 공헌'임을 잊지 말아야 한다.

참고 문헌

- 竹田いさみ,《世界史をつくった海賊》,ちくま新書, 2011.

- 杉浦昭典,《キャプテン・ドレーク》,講談社学術文庫, 2010.

- 宇佐美久美子,《アフリカ史の意味》,山川出版社. 1996.

- 鈴木董,《オスマン帝国》,講談社現代新書, 1992.

- 飯田隆,《図説西洋経済史》,日本経済評論社, 2005.

- 杉山伸也,《日本経済史 近世-現代》,岩波書店, 2012.

- 石井寛治 編集,《日本経済史》,東京大学出版会, 1991.

- 나가하라 게이지 지음, 박현채 옮김,《일본경제사 日本経済史》, 지식산업사, 1990.

- 西川俊作 編集,《日本経済の200年》,日本評論社, 1996.

- 山口和雄 編集,《日本産業史》,日本経済新聞社, 1994.

- 井上寿一 編集,《日本の外交》,岩波書店, 2013.

---

* 참고 문헌은 원서의 순서대로 정리했다.

- 文部省,《学制百二十年史》, ぎょうせい, 1992.

- 落合弘樹,《秩禄処分》, 中公新書, 1999.

- 松尾正人,《廃藩置県》, 中央公論社, 1986.

- 豊田穣,《初代総理伊藤博文》, 講談社, 1992.

- 柴田宵曲 編集,《幕末の武家》, 青蛙選書, 2007.

- 園田英弘,《西洋化の構造》, 思文閣出版, 1993.

- 高村直助,《再発見·明治の経済》, 塙書房, 1995.

- 永野慎一郎·近藤正臣 編集,《日本の戦後賠償》, 勁草書房, 1999.

- 孫崎享,《戦後史の正体》, 創元社, 2012.

- 宜野座嗣剛,《機密·沖縄占領軍の裏面史》, 沖縄教育文化研究所, 1985.

- 田中友義,《EU経済論》, 中央経済社, 2009.

- 出水宏一,《戦後ドイツ経済史》, 東洋経済新聞社, 1978.

- ロバート スキデルスキー,《ケインズ》, 岩波書店, 2001.

- H. モテック'',《ドイツ経済史》, 大月書店, 1989.

- 岩本武和,《ケインズと世界経済》, 岩波書店, 1999.

- 유진 로건 지음, 이은정 옮김,《아랍 *The Arabs*》, 까치, 2016.

- 酒井啓子,《〈中東〉の考え方》, 講談社, 2010.

- 重信メイ,《「アラブの春」の正体》, 角川oneテーマ21, 2012.

- 사뮈엘 로랑, 은정 펠스너 옮김,《IS 리포트 *L'Etat Islamique*》, 한울, 2015.

- 竹田いさみ,《国際テロネットワーク》, 講談社, 2006.

- 酒井啓子,《イラクとアメリカ》, 岩波新書, 2002.

- 酒井啓子,《イラク·戦争と占領》, 岩波書店, 2004.

- 桜井啓子,《現代イラン》, 岩波書店, 2001.

- 존 쿨리 지음, 소병일 옮김,《추악한 전쟁 *Unholy Wars*》, 이지북, 2001.

- ダグラス・ファラー,《テロ・マネー》, 日本経済新聞社, 2004.

- 瀬川幸一 編集,《石油がわかれば世界が読める》, 朝日新聞出版, 2008.

- 井上巽,《金融と帝国》, 名古屋大学出版会, 1995.

- 岩間敏,《石油で読み解く「完敗の太平洋戦争」》, 朝日新聞社, 2007.

- 橘川武郎,《戦前日本の石油攻防戦》, ミネルヴァ書房, 2012.

- エティエンヌ ダルモン,《石油の歴史》, 白水社, 2006.

- 제임스 리카즈 지음, 신승미 옮김,《커런시 워 *Currency Wars*》, 더난출판, 2012.

- 行天豊雄,《円の興亡》, 朝日新聞出版, 2013.

- 谷口智彦,《通貨燃ゆ》, 日経ビジネス人文庫, 2010.

- 大森拓磨,《米中経済と世界変動》, 岩波書店, 2014.

- 榊原英資,《世界を震撼させる中国経済の真実》, ビジネス社, 2015.

- ウォルター ラフィーバー,《アメリカvsロシア～冷戦時代とその遺産》, 芦書房, 2012.

- 石郷岡建,《ソ連崩壊1991》, 書苑新社, 1998.

- 上島武,《ソ連崩壊史》, 窓社, 1996.

- 塩川伸明,《ロシアの連邦制と民族問題》, 岩波書店, 2017.

- 木村汎,《現代ロシア国家論》, 中央公論新社, 2009.

- 伊藤千尋,《反米大陸》, 集英社, 2007.

- 和田春樹 編集,《東アジア近現代通史》(1～5), 岩波書店, 2014.

- K.M. パニッカル,《西洋の支配とアジア》, 藤原書店, 2000.

- チャールズ・アダムズ,《税金の西洋史》, ライフリサーチ・プレス, 2005.

- 찰스 P. 킨들버거 지음, 주경철 옮김,《경제 강대국 흥망사 *World Economic Primacy*》, 까치, 2004.

- 글렌 허버드·팀 케인 지음, 김태훈 옮김,《강대국의 경제학 *Balance*》, 민음사, 2014.

- 조너선 윌리엄스 엮음, 이인철 옮김,《돈의 세계사 *Money*》, 까치, 1998.

- 板谷敏彦,《金融の世界史》, 新潮選書, 2013.
- 제이컵 솔 지음, 정해영 옮김,《회계는 어떻게 역사를 지배해왔는가 *The Reckoning*》, 메멘토, 2016.
- 增田義郎,《黃金の世界史》, 講談社, 2010.
- 프레더릭 모턴 지음, 이은종 옮김,《250년 금융·재벌 로스차일드 가문 *The Rothschilds*》, 주영사, 2008.

찾아보기

돈의 흐름으로 읽는 세계사

초판 1쇄 발행 2018년 2월 9일 **초판 13쇄 발행** 2023년 4월 14일

지은이 오무라 오지로
옮긴이 신정원
펴낸이 이승현

출판2 본부장 박태근
지적인 독자 팀장 송두나

펴낸곳 ㈜위즈덤하우스 **출판등록** 2000년 5월 23일 제13-1071호
주소 서울특별시 마포구 양화로 19 합정오피스빌딩 17층
전화 02) 2179-5600 **홈페이지** www.wisdomhouse.co.kr

ISBN 979-11-6220-624-9 03900